Rainer M. Müller

Noch viele andere Zeichen tat er …
77 Kurzpredigten mit Symbolen

Rainer M. Müller

Noch viele andere Zeichen tat er …

77 Kurzpredigten mit Symbolen

HERDER

FREIBURG · BASEL · WIEN

MIX
Papier aus verantwortungsvollen Quellen
FSC® C083411
FSC
www.fsc.org

www.herder.de

Umschlaggestaltung: Verlag Herder
Umschlagmotiv: © adempercem / iStock / GettyImages
Satz: Barbara Herrmann, Freiburg
Herstellung: CPI books GmbH, Leck

Printed in Germany

ISBN 978-3-451-38508-7

Inhaltsverzeichnis

Karwoche und Ostern

Zeit nach Ostern

Zeit im Jahreskreis

Besondere Anlässe und Feste im Kirchenjahr

Zur Taufe

Zur Erstkommunion

Mit Jugendlichen

Zur Hochzeit

Beerdigungen

Vorwort

Wir leben in einer wortreichen Gesellschaft. Die Informationen, die uns im Laufe einer Woche über die unterschiedlichen Medienkanäle erreichen, überforderen schnell unser Gehirn! Allein die Flut an Nachrichten per WhatsApp oder E-Mail würde dafür oft schon ausreichen. Wenn dann am Sonntag der Gottesdienst auch noch vollgestopft wird mit Worten, dann passiert manchmal das, was man in der Computersprache »overflow« nennt – es läuft über! Kein Wunder, dass die Leute während der Messe abschalten, nicht mehr folgen können und wollen.

Dann kommt noch ein Zweites hinzu: Manchmal fehlt Seelsorgerinnen und Seelsorgern einfach die Zeit, rechtzeitig zum Gottesdienst etwas »Knackiges« zu finden, was anspricht. Auch ausländischen Priestern fällt es oft schwer, in der deutschen Sprache das ins Wort zu bringen, was sie in ihrer Heimatsprache spielend leicht bewerkstelligen. Und für Leiterinnen und Leiter von Wortgottesfeiern ist die Vorbereitung einer Predigt für den Gottesdienst oft eine Überforderung.

Alldem will dieses Buch eine kleine Hilfe sein – mit 77 Anregungen in Symbolen, Zeichen oder Zeichenhandlungen, die das Wort Gottes verstehbarer machen. Natürlich ist das Buch nur eine Einladung, den Impuls aufzugreifen und weiterzudenken. Es soll eine Unterstützung sein, damit der ein oder andere Bibeltext leichter an den Mann und die Frau gebracht werden kann.

Einige Predigten sind in Dialogform, so zum Beispiel Palmsonntag bis Ostern, d. h. hier steht der Sprecher mit einem Symbol im Dialog. Vor allem für Kinder und Kirchendistanzierte ist diese Form »unerwartet« und damit ein neues, anderes Hörerlebnis. Zu den Bibelstellen ist noch anzumerken, dass ich über die »normalen« Bibelstellen der Lesejahre hinaus noch andere verwende.

Die Übersicht im Inhaltsverzeichnis orientiert sich am Lauf des Kirchenjahres. Im hinteren Teil des Buches finden sich mehrere Register: für die benutzten Bibelstellen, für Zeichen und Symbole sowie für Stichworte zu den einzelnen Themen usw. Ich denke, Sie finden sich schnell zurecht! In kursiver Schrift habe ich jeweils Handlungsimpulse (»Regieanweisungen«) formuliert.

Ich freue mich über Rückmeldungen unter www.gestaltgeben.com. Danke!

Viel Freude damit!

Rainer M. Müller

Advent und Weihnachten

01 Bitte warten Sie! Please hold the line!
– Adventskranzsegnung

Bibelstellen: Jesaja 9,1–6 / Römer 13,11–14 / Matthäus 24,29–44 / Lukas 21,25–28.34–36
Symbol: ungeschmückter Adventskranz und vier Kerzen, davon eine evtl. in einer anderen Farbe

Handlung

Wo es vor Ort üblich ist, werden die Gläubigen eingeladen, am ersten Adventssonntag ihren Adventskranz zur Segnung mitzubringen. Die Kränze werden im Altarraum gut sichtbar hingestellt. Darunter liegt auf einem kleinen Tisch ein grüner Tannenkranz, der noch gänzlich ungeschmückt ist. Daneben liegen vier Kerzen, die bereits mit einem Steckstift versehen sind, sodass sie nachher auf den Kranz aufgesteckt werden können.

Impulsansprache

Es kann ganz schön nervig sein, wenn man irgendwo bei einer Service-Hotline anruft. Ständig wiederholt die nette Stimme den Satz: »Please hold the line! Bitte warten Sie!« Man hängt dann in der sogenannten »Warteschleife«. Warten strengt manchmal an. Wenn man z. B. auf Prüfungsergebnisse wartet oder auf eine Bestellung, die dringend benötigt wird. Oder wenn Kinder auf Weihnachten warten. Obwohl es jedes Jahr das Gleiche ist, ist es doch spannend!

Vier lange Wochen im Advent müssen wir warten. Der Adventskalender mit Schokolade macht es uns leichter. Tag für Tag kommen wir dem Geburtstag Jesu näher. Aber noch etwas hilft uns beim Warten: der Adventskranz! Viele haben heute ihren Adventskranz mitgebracht, damit wir ihn segnen.

Der Adventskranz besteht aus zwei Teilen: ein Kranz aus grünen Tannenzweigen und vier Kerzen. Meistens haben die vier Kerzen die gleichen Farbe, manchmal ist eine Farbe anders. Rosa zum Beispiel. Diese Kerze deutet auf den dritten Adventssonntag hin. Am dritten Advent können wir aufatmen, dann ist es nicht mehr so weit. Halbzeit würde man im Sport sagen. Die Kirche nennt diesen Sonntag ganz bewusst »Gaudete«. Das heißt übersetzt: »Freut euch!«

(Der Sprecher hält den Adventskranz in die Höhe und zeigt ihn allen.)

Doch zurück zum Kranz aus grünen Tannenzweigen. Ein Kranz ist immer kreisrund. Der Kreis ist ein altes Symbol. Wir kennen ihn aus der Mathematik, von Eheringen, vom Hubschrauberlandeplatz, von den Olympischen Spielen, sogar von einer Automarke … – Der Kreis hat keinen Anfang und kein Ende. Es ist ein Zeichen der Ewigkeit. Wenn wir die Zahl 8 querlegen, dann bedeuten die zwei Kreise sogar Unendlichkeit. Die Kreisform beim Adventskranz will uns etwas über Gott sagen: Gott hat keinen Anfang und kein Ende, er ist ewig. Die Farbe Grün wird in der Regel der Hoffnung zugeordnet. Wie im Frühling, wenn draußen alles grün wird und neu heranwächst. Davon reden auch die biblischen Propheten, wenn sie dem Volk Israel in Zeiten der Angst zusagen, dass alles wieder gut wird! Gott ermöglicht uns immer einen Neuanfang! Das ist wie nach dem Winter. Wenn es viel Schnee gab und die ersten grünen Halme auftauchen, dann beginnt das Leben von vorn.

(Der Adventskranz wird wieder hingelegt.)

Deshalb freuen wir uns ja auch so über ein neugeborenes Baby! Ein ganz neues Leben beginnt. Für viele ältere Menschen ist das ein Zeichen der Hoffnung, wenn ein Enkelkind zur Welt kommt! Sie wissen dann: Das Leben geht weiter, selbst wenn wir schon alt sind.

Während dieser vier Wochen des Advents warten wir auf ein göttliches Kind: auf Jesus. Jedes Jahr, seit rund 2000 Jahren, machen wir Christen das schon. Manchmal lohnt es sich, in dieser Warteschleife zu bleiben: Please hold the line! – Irgendwann ist dann Weihnachten und Gott spricht am anderen Ende der Leitung zu uns sein schönstes Wort, das jemals in die Welt gekommen ist. Er sagt zu uns, zu dir und zu mir: Mensch, ich habe dich lieb! Ich möchte dir meinen Sohn schenken und vorstellen als guten Freund: Jesus.

Halten wir es also aus, bleiben wir in der Warteschleife. Entzünden wir Sonntag für Sonntag dazu eine Kerze! Warten wir gemeinsam darauf, dass uns nach den vier Wochen Engel verkünden werden: »Heute ist euch der Heiland geboren, Christus, der Herr!«

02 Adventszeit

– Der Nächste bitte!

Bibelstellen: *Bibelstellen der Adventssonntage (siehe Lektionare)*
Symbol: *mehrere einfache Stühle, kleiner Tisch, mehrere Zeitschriften, eine Bibel*

Handlung

Im Altarraum stehen mehrere Stühle nebeneinander. Dazwischen steht ein kleiner Tisch mit mehreren Zeitschriften (Illustrierten) und auch einer Bibel drauf. Ein Erwachsener oder ein Jugendlicher kann im »Wartezimmer« Platz nehmen und eine Illustrierte durchblättern. Wenn der Sprecher einen Teil der Ansprache frei sprechen möchte, kann er sich zu Beginn auf einen der Stühle dazusetzen und das Geschehen kommentieren.

Impulsansprache

(Diese Einleitung könnte mit eigenen Worten gesprochen werden.)

Geht's Ihnen auch manchmal so? Sie kommen zum Arzt und müssen noch etwas warten. Sie nehmen im Wartezimmer Platz und blättern in einer Zeitschrift. Nach und nach werden die anderen Patienten aufgerufen. Der Nächste bitte! Irgendwann sind auch Sie an der Reihe. Manchmal unterhalten wir uns auch mit anderen Patienten. Was uns alle verbindet: Wir warten.

(Nach dieser freien Einleitung könnte der Sprecher zum Mikrofon am Ambo zurückkehren.)

Wir warten – so wie jetzt in der Adventszeit. Von Hotels kennen wir es, dass hin und wieder eine Bibel im Zimmer liegt. Aber in einem Warteraum einer Arztpraxis oder bei einem öffentlichen Amt habe ich noch keine Bibel gefunden. Das würde vermutlich viele Leute sehr überraschen, weil niemand damit rechnet.

Wie gestalten wir eigentlich die Adventszeit? Wie macht ihr das bzw. wie machen Sie das zuhause? Es gibt Leute, die stellen schon mit der Adventszeit den Tannenbaum (Christbaum) auf, weil sie denken, dass Weihnachten eh so flott vorbei ist. Andere backen Plätzchen (Kekse) und sind dann an Weihnachten schon satt. Die können an Heiligabend keine Zimtsterne und Vanillekipferl mehr sehen. Wie wäre es, wenn ihr in diesem Jahr die Adventszeit mal ganz anders gestaltet? Zum Beispiel mit der Bibel? Ihr könntet sonntags oder sogar jeden Abend darin eine kleine Geschichte lesen – z. B. die ersten Kapitel des Lukasevangeliums oder des Matthäusevangeliums. Oder in einer Kinderbibel gemeinsam in der Familie die Erzählungen von der Erschaffung der Welt, von Noah und seiner Arche, von den Abenteuern König Davids bis hin zu den Geschichten über Jesus.

Dann wäre die Adventszeit wie ein Warteraum beim Arzt – nur, dass ihr nicht in bunten Zeitschriften blättert, sondern in der Bibel. Es gibt übrigens eine Möglichkeit, die Spannung beim Bibellesen noch zu erhöhen: das »Bibelstechen«. Man nimmt die Bibel – am besten ist da eine Kinderbibel, damit alle den Text gut verstehen – und blättert darin wie beim Daumenkino. Dann ruft einer »Stopp« und und man legt den Finger irgendwo auf die Seite. Genau die Stelle, die dann spontan gefunden wurde, die liest man dann.

Die Adventszeit will uns langsam zu Weihnachten führen. An Weihnachten hören wir ja im Johannesevangelium im ersten Kapitel, dass das Wort »Fleisch geworden ist«, d. h. das Wort nimmt Gestalt an. Was ist damit gemeint? Architekten haben immer erst eine Idee davon, wie ein Haus aussehen soll. Das zeichnen sie auf. Dann erst wird es gebaut. Genauso macht es Gott: Er hatte die Idee bzw. den Gedanken, seinen Sohn in die Welt zu senden. Den Gedanken oder das Wort nennt man im Griechischen »Logos« und dieser Gedanke, der wird an Weihnachten Wirklichkeit in einer Person: in Jesus.

Deshalb könnte das eine gute Zeit der Vorbereitung sein, uns mit den Gedanken Gottes, dem Wort in der Bibel zu beschäftigen. Damit wird die Zeit etwas schneller vergehen, bis dann die Durchsage kommt: »Der Nächste bitte!«

03 Der Nikolaus ist doch kein Oberlehrer!
– Hl. Nikolaus (6. Dezember)

Bibelstellen: Jesaja 6,1–8 / Lukas 10,1–9
Symbol: ein dickes leeres Buch

Handlung

Recht bald zu Beginn der Ansprache kommt ein Erwachsener als Bischof Nikolaus verkleidet durch die Kirche in den Altarraum. Empfehlung: Er trägt ein violettes Messkleid über einer Albe (weißes Untergewand), eine Mitra (Bischofsmütze), einen Bischofsstab und ein Brustkreuz – wenn möglich keinen weißen Bart (denn: Wer hat das festgelegt, dass der Nikolaus immer einen weißen Bart haben muss?) und hat ein großes, dickes Buch bei sich. Mit dem bischöflichen Gast entsteht ein Dialog. (Ein Funkmikro oder Headset für den hl. Nikolaus ist von Vorteil!)

Impulsansprache

Sprecher: Heute feiern wir einen ganz bekannten Heiligen. Er stammt aus Myra, einem Ort in der heutigen Türkei. Ganz klar: Es geht um Bischof Nikolaus. Er ist sicherlich einer der bekanntesten Heiligen der katholischen Kirche!

(schaut zum Mittelgang hin und entdeckt einen Gast)

Oh, ich sehe gerade, dass wir Besuch bekommen!

(Bischof Nikolaus geht langsam durch den Mittelgang auf den Altarraum zu.)

Das ist mir aber eine Freude, dass du, lieber Bischof Nikolaus, heute Abend bei uns bist, sei uns herzlich willkommen!

Nikolaus: Ja, dankeschön, für die nette Begrüßung, ich bin gerne gekommen. Ich habe gehört, wie du von mir gesprochen hast.

Sprecher: Wo du schon einmal da bist ... Sag mal, lieber Nikolaus, was ist das denn für ein dickes Buch, das du da unterm Arm hast?

Nikolaus: Ach, das ... Das hab ich immer dabei. Da steht sehr viel über die Menschen drin, denen ich begegne.

Sprecher: Auch über mich?

Nikolaus: Ja, auch über dich.

Sprecher: Darf ich da mal reinschauen?

Nikolaus: Ja, warum nicht?! Schau selbst …

(Sprecher blättert das Buch durch, aber er findet nur weiße Seiten)

Sprecher: Bischof Nikolaus, das Buch ist ja ganz leer!

Nikolaus: Das ist ganz bewusst so!

Sprecher: Ich dachte, da stehen die ganzen Geschichten von den Menschen drin? Geschichten mit dem Guten und dem Schlechten?

Nikolaus: Dachte ich es mir doch! Siehst du, deshalb war es schon wichtig, dass ich heute hierhergekommen bin. Ich muss echt mal aufräumen mit dem Märchen, dass ich so ein moralischer Oberlehrer bin, der immer alles besserweiß. Manche Eltern sehen mich als jemanden, der den Kindern mit erhobenem Zeigefinger sagt, was sie alles falsch machen! Das nervt mich echt ganz gewaltig!

Sprecher: Du bist also ein ganz anderer Nikolaus …

Nikolaus: Ich bin ein Christ wie du, wie alle hier, und nur deshalb bin ich den Leuten im Gedächtnis geblieben, weil ich vielen Menschen zur damaligen Zeit helfen konnte. Manchmal durch mein Gebet, manchmal, weil ich Mut gemacht habe, manchmal, weil es gereicht hat, dass ich etwas Hoffnungsvolles gesagt habe.

Sprecher: Aber wie kommt es, dass alle denken, in dem Buch stehen unsere bösen und guten Taten geschrieben?

Nikolaus: Weil viele Eltern mich dazu gemacht haben! Sie dachten und denken: Soll doch der Bischof Nikolaus dem kleinen Sohn oder der kleinen Tochter sagen, was wir nicht schön finden, dann brauchen wir es nicht zu machen. Aber ich will das gar nicht.

Sprecher: Deshalb ist das Buch ganz leer. – Lieber Bischof Nikolaus, du hast ja viel zu tun … Wird dir das nicht manchmal auch zu viel …?

Nikolaus: Nein, es ist nie zu viel oder zu schwer, Menschen etwas Gutes zu sagen oder zu tun. Im Gegenteil! Wenn ich merke, dass Kinder sich freuen, wenn ich komme, dann geht es mir auch gut! Ich möchte allen einfach Mut machen, zueinander gut zu sein!

Sprecher: Lieber Bischof Nikolaus, hab vielen Dank dafür! Schön, dass du heute bei uns zu Gast warst! Wir wünschen dir noch viele lange Jahre und ganz viel Freude in der Begegnung mit Kindern und jungen Leuten und Erwachsenen! Alles Gute!

Nikolaus: Alles Gute, danke auch dir! Auf Wiedersehen!

Sprecher: Auf Wiedersehen, Bischof Nikolaus!

(Beide verabschieden sich mit einem Handschlag, Bischof Nikolaus verlässt wieder die Kirche; es kann ihm ein Lied gesungen werden, vor allem, wenn viele Kinder da sind.)

04 Ein notwendiger Tapetenwechsel

– Maria Empfängnis (8. Dezember)

Bibelstellen: Genesis 3, 9–15.20 / Epheser 1, 3–6.11–12 / Lukas 1, 26–38
Symbole: weiße Tapetenrollen (z. B. Raufaser, keine Muster)

Handlung

Über den Altar werden mehrere Rollen Tapeten ausgerollt, so dass sie bis in den Kirchenraum hineinragen.

Impulspredigt

Stellen Sie sich einmal vor: Sie sind Eigentümer eines schönen, alten Hauses, das schon seine Geschichte auf dem Buckel hat und dadurch seinen ganz eigenen Charme. Die Mieter, die die letzten Jahre darin wohnten, haben beim Auszug einen Dreckstall hinterlassen. Sie renovieren also und richten alles neu her. Neue Tapeten, alles erstrahlt weiß, frisch und neu! Danach sieht das Haus geradezu jungfräulich aus. Rasch finden sich auch neue Mieter.

Wenn Sie sich das gut vorstellen können, dann haben Sie den tieferen Sinn des heutigen Festes schon fast verstanden! Das Hochfest von der unbefleckten Empfängnis der Gottesmutter Maria, so heißt es ganz offiziell. Es ist ein durch und durch theologisches Fest, das bis heute in der Theologie nicht nur Freunde hat. Vielen fällt es schwer zu erklären, worum es geht. Etwas kann man ganz klar sagen, nämlich, worum es nicht geht! Es geht nicht darum, wie die Jungfrau zum Kind kommt oder vornehmer: wie Maria schwanger wurde. Da lockt uns das Evangelium vom heutigen Fest eigentlich auf eine falsche Fährte!

Vielmehr geht es darum, was eigentlich los war, als Anna mit Maria schwanger wurde! Das wiederum ist umso interessanter, als dass wir von den Eltern Marias so gut wie nichts wissen, nur aus legendenhaften Spätschriften, die offiziell aber nicht zur Bibel gehören. Um es ehrlich zu sagen: Wir bewegen uns auf sehr, sehr dünnem Eis! Lassen Sie mich deshalb noch einmal auf das Bild von der Hausrenovierung zurückkommen.

Das alte Haus, das renovierungsbedürftig ist, das ist die Menschheit. Die Vormieter waren Adam und Eva, also jenes Menschheitsehepaar, das es sich mit dem Eigentümer, also Gott, mächtig vergeigt hat. Das haben wir eben in der Lesung gehört.

Anders gesagt: Sie haben sich weder an den Mietvertrag noch an die Hausregeln gehalten. Sie wollten selbst Hauseigentümer, selbst wie Gott Gott sein. Theologisch geht es hier um die Erbsünde, die wie ein Wurm im Haus sitzt. Ein Wurm, der sich im Dachgebälk festgebissen hat und den du eigentlich nicht mehr so schnell rausbekommst! Übertragen heißt das: Er sitzt in der Menschheit tief drin: in Gestalt von Überheblichkeit und Hochmut in der Forschung, von hasserfüllten Kriegen und Terror, von Menschenverachtung, von Neid und Habgier usw.

Der Hauseigentümer – Gott – hat nun aber alles noch einmal saniert. Er hat das Menschenhaus wieder instandgesetzt und neue Mieter ziehen ein: ein junges Ehepaar, Maria und Josef. Und mit Maria, die dieses Haus wohnlich macht, kann nun eine neue Geschichte beginnen.

Das Haus ist im übertragenen Sinne der Leib Marias. Sie bringt in diesem renovierten, sagen wir besser: von Grund auf sanierten Haus ein Kind zur Welt. Jesus. Gott baut durch Maria dieses neue Haus des Lebens wieder auf. Stellvertretend stehen die weißen Tapeten. Wenn Sie es sehr salopp wollen: Gott wagt einen längst notwendigen Tapetenwechsel.

Damit ist die Erbsünde als Erblast saniert. Das Fest der unbefleckten Empfängnis Mariens ist wie das freudige Fest einer Hauseinweihung! An Weihnachten feiern wir die Geburt eines neuen Königs, der die Menschheit in sein Königshaus einladen möchte – nichts anderes als das Reich Gottes.

05 Geburtstagsparty an der Krippe
– Kinderkrippenfeier (24. Dezember)

Bibelstelle: Lukas 2,1–14 (Empfehlung: kindgerechte Sprache)
Symbol: Torte mit 20 Kerzen zum Ausblasen

Handlung

Die Kirche wird abgedunkelt und der Gottesdienstvorsteher und alle liturgischen Dienste ziehen mit einer großen Geburtstagstorte mit 20 Kerzen darauf *(für jedes Jahrhundert eine Kerze)* in die Kirche und stellen die Torte auf einen Tisch auf dem Altarraum. Im weiteren Verlauf werden Kinder gebeten, zusammen die Kerzen auszublasen. Während des Einzugs kann das Lied gesungen werden: »Ihr Kinderlein kommet« oder »Zu Betlehem geboren ist uns ein Kindelein«.

Impulspredigt

Heute Nacht feiern wir den Geburtstag von Jesus. Es ist ein unglaublich großer Geburtstag. Würde Jesus heute hier unter uns sein, wäre er schon *(z. B.)* 2020 Jahre alt *(muss aktualisiert werden)*. Deshalb haben wir für jedes Jahrhundert eine Kerze auf die Torte gestellt.

Normalerweise bekommt das Geburtstagskind Geschenke. Aber bei Jesu Geburtstag ist das anders. Da bekommen wir nämlich Geschenke. Wir schenken einander etwas, weil wir uns über die Geburt Jesu freuen. Wir wollen dem anderen sagen: Es ist schön, dass es dich gibt, ich mag dich, deshalb habe ich ein kleines Geschenk für dich!

Nun habe ich aber manchmal den Eindruck, dass wir vor lauter Geschenken ganz vergessen, warum wir eigentlich Weihnachten feiern. Manche denken, es ist ein Winterfest oder halt eben am Ende des Jahres ein Fest für die Familie.

Warum also feiern wir Weihnachten? Weil wir Gott danken wollen, dass Jesus geboren ist! Wir freuen uns darüber, denn mit Jesus hat eine neue Zeit begonnen. Seitdem zählen wir die Jahre und sagen: Es ist das x-te Jahr nach Christus. Jesus hat die Welt verändert. Das Verrückte dabei: Er hat schon als neugeborenes Kind Wunder bewirkt. Denn irgendwie geschehen merkwürdige Dinge: Hirten hören Engel singen; weise Männer (Sterndeuter) kommen von ganz weit her und suchen nach einem neuen König; der eigentliche König von Jerusalem, Herodes, ist stinksauer, weil er befürchtet, das Kind könne ihm die Show stehlen ... Kurz: es hat zwar keine Zeitung und kein TV-Sender über Jesus berichtet, aber irgendwie hat Jesus die Welt verändert.

So ging es auch euren Eltern, als ihr auf die Welt gekommen seid! Jedes Baby verändert das Leben der Eltern und Großeltern. Plötzlich dreht sich erstmal alles um das kleine Kind, denn das kann noch nicht alleine essen und trinken, sich die Windeln wechseln, kann noch nichts sagen und selbst an den Kühlschrank gehen. Alle schauen auf das Kind und haben ihre Freude daran!

So darf es auch uns an Weihnachten gehen. Es darf sich auch erst einmal alles um das Kind in der Krippe drehen! Und deshalb feiern wir jetzt auch eine Party – diesen Gottesdienst – und wenn ihr wollt, dann singen wir Jesus jetzt ein »Ständchen«. Aber nicht das klassische »Happy birthday to you«, sondern ein ganz altes Weihnachtslied, das eher etwas stiller ist – so wie ein Wiegenlied: »Alle Jahre wieder ...« – aber bevor wir das Wiegenlied zusammen singen, möchte ich ein paar Kinder bitten, dass sie nach vorn kommen und gemeinsam die Kerzen auf der Torte ausblasen.

(Er bittet fünf Kinder nach vorn, vielleicht solche, die im Dezember Geburtstag haben. Diese blasen die Kerzen aus.)

06 Das Geheimnis von Weihnachten

– Kinderkrippenfeier (24. Dezember)

Bibelstellen: Jesaja 9,1–6 / Titus 2,11–14 / Lukas 2,1–14
Symbol: eine kleine Krippe in einem beleuchteten Schuhkarton, Funkmikrofon

Handlung

Auf dem Fußboden im Altarraum der Kirche steht ein Schuhkarton. An der Vorderseite hat er ein genügend großes Guckloch. Im Inneren des Schuhkartons befindet sich eine kleine Krippe und eine LED-Lampe, die die Krippe mit Licht anstrahlt.

Predigtimpuls

Ich möchte euch heute das Geheimnis von Weihnachten zeigen! Wer möchte es gerne sehen? Hier vorn befindet es sich im Schuhkarton!

(Der Sprecher geht mit dem Funkmikrofon auf verschiedene Personen zu und bittet sie, nach vorn zu kommen, sich auf die Erde niederzubücken und in das Guckloch hineinzuschauen.)

Leider kann ich es euch nicht ersparen, dass ihr euch niederbücken müsst, ihr müsst euch ganz tief runterbeugen, fast bis zur Erde …

(Der Sprecher fragt einige, was sie gesehen haben, lässt es sich aber ins Ohr flüstern.)

Geht dann bitte zurück auf euren Platz und erzählt davon dem rechten und linken Nachbarn. Aber es dürfen ruhig noch einige mehr nach vorn kommen – trauen Sie *(an die Erwachsenen)* sich ruhig auch!

(Der Sprecher fragt zwischendurch immer mal wieder per Handzeichen, wie viele jetzt schon wissen, was das Geheimnis von Weihnachten ist. Wenn ein großer Teil der Gottesdienstbesuchenden das Geheimnis des Schuhkartons kennt, bedankt er sich für die Bereitschaft aller, die nach vorne gekommen sind).

Ich möchte euch Danke sagen, die ihr nach vorn gekommen seid, denn ihr habt mir damit geholfen, uns allen etwas ganz Wichtiges von Weihnachten mitzuteilen. Für alle, die es noch nicht wissen: In dem Karton befindet sich eine kleine Krippe! Aber: Das Geheimnis von Weihnachten war gar nicht nur im Schuhkarton! – Das Geheimnis von Weihnachten umfasst alles, was ihr jetzt gerade getan bzw. erlebt habt.

Das Erste, was ihr machen musstet: Ihr musstet aufbrechen! Nicht passiv auf dem Platz sitzen bleiben, sondern mutig sein und losgehen. Man kann es also so sagen: Wenn man das göttliche Kind sehen will, muss man wie die Weisen aus dem Morgenlande losgehen, sich auf den Weg machen.

Das Zweite: Wer nach vorne kam, musste sich bücken, sich klein machen. Wer schon einmal in Betlehem war, der weiß, dass man in die Geburtskirche nur sehr gebückt hineingehen kann. Ein ganz kleiner Eingang. Und das wurde ganz bewusst so gebaut. Der Hintergrund ist der, dass früher wichtige Persönlichkeiten hoch zu Ross sogar in Kirchen eingeritten sind. Man kann also so sagen: Wenn man das göttliche Kind sehen will, muss man von seinem hohen Ross herabsteigen! Ich möchte sogar noch einen Schritt weitergehen: Wer hier nach vorne kam, der kniete sich nieder, so wie die Hirten und die Weisen aus dem Morgenland sich vor dem göttlichen Kind niedergekniet haben.

Das Dritte: Wer dann durch das Guckloch schaute, musste genau hinschauen und staunte, wie klein die Krippe ist, wie schön das Wunder des Lebens! Es erging euch und Ihnen damit so wie den Hirten und den Weisen, die ebenfalls staunten und ergriffen waren! Die Botschaft von Weihnachten ist ja auch etwas Besonderes! Wie jedes Baby bewundert wird und alle Eltern es für das schönste Kind auf der Welt halten – so geht es uns mit dem Jesuskind in der Krippe.

Und ein letzter Gedanke: Wer dann wieder von der Krippe zurückging in seine Bankreihe, der machte es wie die Hirten und die Weisen von damals: Ihr habt erzählt, was ihr gesehen habt, ihr habt es verkündigt wie die Engel das Ereignis der Geburt! Ihr wurdet wie Lukas selbst zum Evangelisten, der das Geschehen in Betlehem zu Papier brachte!

Darin liegt das Geheimnis von Weihnachten!

07 Das göttliche Kind in uns
– Christmette (24. Dezember)

Bibelstellen: Jesaja 9,1–6 / Titus 2,11–14 / Lukas 2,1–14
Symbol: eine Christbaumkugel (silbern glänzend)

Handlung

Der Sprecher hält für die Ansprache eine silber-glänzende Christbaumkugel bereit. Sie sollte so groß sein, dass man sie gut in der letzten Bank erkennen kann. Im Laufe der Predigt hält er sie mehrmals hoch.

Predigtimpuls

Weihnachten ist immer irgendwie emotional »geladen«. Das liegt daran, dass wir so viele Erwartungen in dieses Fest legen: Es soll schön sein, der Tannenbaum hübsch geschmückt, friedlich, das Essen soll gelingen, die Geschenke sollen passen, die Familie soll zusammenkommen usw. Meist erleben wir, dass es gerade in den Tagen davor hektisch wird, dass die Stimmung gereizt ist und dass irgendwer mit irgendwem doch noch plötzlich einen Konflikt hat. Bei alldem geht das flöten, was Weihnachten eigentlich meint: das Geburtsfest Jesu Christi. Das hören wir Jahr für Jahr in der uns vertrauten Erzählung von Lukas: »Es begab sich aber in jener Zeit« … so beginnt es und wir kennen die Geschichte von den Hirten auf den Feldern, den Engeln und dann später auch von den Weisen aus dem Morgenland.

Alle Jahre wieder – es ist eh immer das Gleiche. So denken manche. Aber abgesehen davon, dass am 27. Dezember viele von uns mit Kassenzetteln in die Kaufhäuser rennen und ihre Geschenke umtauschen, vergessen mehr und mehr Menschen, was Weihnachten für uns eigentlich bedeutet. Vor allem: Unter dem riesigen Berg von Geschenken wissen wir auch nicht mehr so richtig, was es für dein und mein Leben bedeuten kann!

Die Weisen aus dem Morgenland sind einem Stern gefolgt, die Hirten haben den Engeln geglaubt und wir werfen einen Blick in diese Kugel – in die Christbaumkugel. Darin spiegelt sich – wie sich alle denken können – mein Gesicht wider. Die Kugel ist wie ein Spiegel.

Viele Menschen erzählen sich an Heiligabend Geschichten aus der Familie, Geschichten von früher, manchmal Geschichten aus der eigenen Kindheit. Wenn wir also in diese Kugel schauen, dann sehen wir nicht so sehr die Zukunft, so als wären wir zur Beratungsstunde bei einer Wahrsagerin. Vielmehr erkennen wir das Kind in uns. Wir sehen die leuchtenden Augen von einst, unsere Sehnsucht zu spielen, die Welt unkompliziert zu erleben – vielleicht den Moment im Leben, zu dem noch alles irgendwie in Ordnung war ... Kurz: Der Blick in die Kugel zeigt uns nicht nur unser jetziges Gesicht, sondern auch die Erinnerung an uns, als wir Kinder waren.

Damit sind wir beim eigentlichen tiefen Sinn des Geburtsfestes Jesu. Jesus wird als göttliches Kind geboren und wie jedes kleine Baby erinnert uns das Kind in der Krippe an unseren Lebensanfang, als wir gerade geboren waren. Es erinnert uns daran, dass auch wir gewollt, gewünscht und geliebt sind. Wenn es auch nicht immer so von unseren Eltern zu spüren war, das Kind in der Krippe streckt die Händchen nach uns aus und zieht uns mit seinem Lächeln an sich! In diesem Lächeln sehen wir das Lächeln Gottes, der uns sein schönstes Wort sagen will: Ich liebe dich, Mensch!

Weihnachten ist das Fest des »inneren Kindes« von jedem und jeder von uns! Es ist das Fest einer Zusage, dass Gott uns liebt und wir nicht ziellos durchs Leben tappen, sondern dass wir einem guten Stern folgen können! Das Kind in der Krippe will uns diese Botschaft vermitteln: Gott hat dich lieb und egal, wie dein Leben bisher verlaufen ist, er geht mit dir! In Jesus Christus begleitet uns dieses Kind an der Seite, unsichtbar für unsere Augen, aber doch spürbar für unsere Seele.

Wir sind nicht allein. Viele Menschen sind in diesen Tagen einsam und allein. Das schmerzt und es kränkt auch die Seele. Aber da kann uns der Blick in die silberne Christbaumkugel trösten: In unserem Gesicht erkennen wir das Angesicht des göttlichen Kindes, zu dem Gott sein unabänderliches Ja gesagt hat. Dieses göttliche Kind will in dieser Nacht auch in dir zur Welt kommen.

08 Eine neue Zeit beginnt
– Geburt Jesu Christi (25. Dezember)

Bibelstellen: Jesaja 52,7–10 / Hebräer1,1–6 / Galater 4,4–5 / Johannes 1,1–18
Symbol: alter, großer Tageskalender, die letzten Seiten sind noch vorhanden

Handlung

Der Sprecher reißt langsam die letzten fünf Seiten eines Tageskalenders ab, zählt dabei laut mit, bis er zur Zahl 25 kommt (25. Dezember). Die Blätter lässt er auf dem Boden liegen. Der Kalender mit der Ziffer 25 wird sichtbar irgendwo aufgehängt.

Predigtimpuls

Zweiundzwanzig, dreiundzwanzig, vierundzwanzig, fünfundzwanzig. Ich wünsche Ihnen frohe und gesegnete Weihnachten! Und ... ein gutes neues Jahr! – Sie wundern sich? Zu Recht! Es ist noch nicht Neujahr! Aber als Christinnen und Christen glauben wir, dass mit dem Geburtsfest Jesu etwas ganz Neues begonnen hat, ein neues Zeitalter! Im Brief an die Galater heißt es »Als aber die Zeit erfüllt war, sandte Gott seinen Sohn, geboren von einer Frau und dem Gesetz unterstellt, damit er die freikaufe, die unter dem Gesetz stehen, und damit wir die Sohnschaft erlangen.« (Galater 4,4–5).

Im Johannesevangelium haben wir eben gehört: »Im Anfang war das Wort ...« (Johannes 1,1) und diese Einleitung erinnert uns an eine andere Einleitung in ein biblisches Buch: »Im Anfang schuf Gott Himmel und Erde ...« (Genesis 1,1). Es ist interessant, dass es im Hebräischen und im Griechischen nicht »am Anfang« heißt, sondern die jeweiligen Textstellen wirklich mit »im Anfang« übersetzt werden müssen. Hier geht es nicht um den Beginn eines neuen Tages, eines neuen Jahres. Deshalb war das Abreißen des Kalenders auch tatsächlich etwas irreführend.

»Im Anfang«, das bedeutet ja viel mehr! Drei kurze Gedanken, die mit diesem neuen Anfang, mit dieser neuen Zeit verbunden sind, möchte ich gerne benennen:

Ein erster Aspekt: Jesus bringt ein neues Licht in die Welt. Es hieß eben im Evangelium: »In ihm war das Leben und das Leben war das Licht der Menschen.« (Johannes 1,4) Wie schön sind die Momente, in denen wir spüren, dass alles einen Sinn ergibt, dass das, was ich tue, mich weiterbringt. Dass mir etwa als Schüler bei der Physikaufgabe im wahrsten Sinne des Wortes ein Licht aufgeht und ich plötzlich kapiere, was dieses oder jenes Phänomen bedeutet. Als Christen glauben wir, dass Jesus uns eine neue Qualität von Leben bringt. Ein anderer Umgang untereinander. Die Begriffe Respekt, Toleranz, Wertschätzung und Achtsamkeit stehen dafür. Aber auch Barmherzigkeit und Gerechtigkeit. Das macht unser Leben hell. Jesus hat mit seiner Person genau dafür ein gutes Beispiel gegeben. Wie ist er denn mit Randgruppen umgegangen? Voller Respekt! Was hat er zu Menschen gesagt, die große Fehler im Leben begangen haben? Deine Sünden seien dir vergeben! – Das bringt eine andere Lebensqualität in unser Leben!

Ein zweiter Aspekt: »Das Licht leuchtet in der Finsternis und die Finsternis hat es nicht erfasst« (Johannes 1,5). Wir tappen bei vielem noch immer im Dunkeln. Wir haben vieles erforscht, vieles können wir in Formeln packen, wir verstehen im Großen und Ganzen das Universum und sind froh, dass es sich ausdehnt und sich nicht zusammenzieht, sonst wären unsere Tage schon jetzt gezählt. Dennoch haben wir gerade einmal erst 5 % des Universums erschlossen. Mit unserem Gehirn und unserem Körper ist es genauso. Warum der Mensch so oder so funktioniert, das wissen wir noch gar nicht so genau. Viele Krankheiten zum Beispiel sind noch nicht besiegt und wahrscheinlich wird es auch nie so sein! Und etwas werden wir nie besiegen: den Tod. Das ist das größte »schwarze Loch«, an dem wir forschen. Aber im Glauben können wir diese Grenze für uns längst überschreiten. In dieses dunkle Loch des Grabes leuchtet unser Glaube hinein. Jesus sagt von sich: »Ich bin als Licht in die Welt gekommen, damit jeder, der an mich glaubt, nicht in der Finsternis bleibt!« (Johannes 12,46). Der Karfreitag war nur das Komma, Ostern das Ausrufezeichen.

Und ein dritter, letzter Aspekt: »Allen aber, die ihn in sich aufnahmen, gab er Macht, Kinder Gottes zu werden!« (Johannes 1,12) Egal wie alt wir sind, wir bleiben immer die Kinder unserer Eltern. Söhne und Töchter. Genau das ist aber der springende Punkt an dem, was Jesus den Menschen vermittelt hat: Darüber hinaus sind wir auch Kinder

Gottes. Wir dürfen Gott »Papa« nennen, Vater. Gott hat väterliche und mütterliche Wesenseigenschaften. Kind Gottes zu sein, das ist nichts Naives oder Dummes! Kind Gottes zu sein bedeutet, von Gott geliebt zu sein und zu wissen, dass bei ihm die Haustür immer offen steht, egal, was wir auch im Leben verbocken.

Mit Weihnachten und der Geburt Jesu bricht diese neue Zeit an! Das gilt für alle, die ihn aufnehmen, die ihm sozusagen die Stalltüren ihrer Seele öffnen!

09 Ein Rechtsanwalt mit Note Eins
– Hl. Stephanus (26. Dezember)

Bibelstellen: Apostelgeschichte 6,8–10; 7,54–60 / Matthäus 10,17–22
Symbol: Zeugnisformular (am besten auf DIN A3 oder A2 vergrößern)

Handlung

Der Sprecher geht durch die Kirche und teilt einigen Gemeindemitgliedern ein »Zeugnis« aus. Auf dem Papier steht »Lebenszeugnis«. Es wäre gut, wenn er dabei alle mit Vornamen und dem Beruf ansprechen kann. Zum Beispiel: »Hans, Maurermeister, sehr gut.« oder »Stephanie, Hausfrau, sehr gut.« oder »Fritz, Fußballer, sehr gut.« Schließlich hält er ein Zeugnis in Händen von »Stephan«. Aber Stephan ist nicht da. Es geht um den hl. Stephanus, dessen Zeugnis sein Leben war – als Rechtsanwalt in der Sache Gottes.

Predigtimpuls

»Hans, Maurermeister, sehr gut.« – »Stephanie, Hausfrau, sehr gut.« – »Fritz, Fußballer, sehr gut.« »Stephan – Rechtsanwalt ...« Wo ist Stephan? Aha, Stephan ist nicht da. Schade. Er hat auch einen Einser. Und er hat heute noch Namenstag! Der 26. Dezember ist immer so ein Tag der Ernüchterung. Wie auch immer Weihnachten gefeiert wurde, heute ist die Stimmung erstmal auf Null. Die Luft ist raus. Aus der festlichen liturgischen Kleidung weiß-gold-gelb wird das Blutrot der Märtyrer. Die romantische Krippen-Stimmung ist weg. Heute: der Bericht eines brutalen Mordes.

Wenn einer für seinen Glauben mit dem Leben einsteht und bereit ist, es hinzugeben, dann nennt man das im christlichen Sinne »Martyrium«. Man könnte es auch einfach mit »Lebenszeugnis« übersetzen. Deshalb würde ich Stephanus auch gerne sein Zeugnis überreichen.

Über Stephanus hören wir nur in der Apostelgeschichte. Im sechsten Kapitel wird uns berichtet, dass er zu den sieben Diakonen gewählt wird (vgl. Apostelgeschichte 6,5), die sich vor allem um die kümmerten, die ganz unten in der Gesellschaft waren. Damals waren es Witwen und Waisenkinder. Sieben Namen werden aufgelistet, aber nur bei Stephanus wird zusätzlich gesagt, er sei »ein Mann, erfüllt von

Glauben und Heiligem Geist« (Apostelgeschichte 6,5). Durch die Handauflegung und das Gebet erhalten die sieben Männer ihren Auftrag. Stephanus fällt schnell auf. Er wirkt in Jerusalem Wunder und große Zeichen. Aber genauso flott sind die Neider und Intriganten auch auf der Bildfläche. Sie wollen ihn zu Fall bringen. Sie hängen ihm Falschaussagen an, hetzen das Volk gegen ihn auf und ziehen alles, was er tut oder sagt, in den Dreck.

Das gesamte siebte Kapitel der Apostelgeschichte wird für ihn zur Theaterbühne. Er hält eine große, lange Rede. Aber es ist kein Theater! Stephanus ist es ernst. Seine Rede vor dem Hohen Rat klingt wie die Rede eines Präsidenten zur Lage der Nation. Es ist in der Tat eine Art Stellungnahme zur Lage der Nation. In unserer Lesung eben haben wir gerade einmal nur das Schlussplädoyer und anschließend von der darauf folgenden Lynchjustiz gehört.

Was aber sagt Stephanus überhaupt? Stephanus erzählt die Geschichte Gottes mit dem Menschen. Er beginnt bei Abraham, beschreibt in aller Kürze das Wirken der Patriarchen Isaak, Jakob und Josef, erzählt von Mose und dem brennenden Dornbusch, berichtet vom Auszug aus Ägypten, erinnert noch einmal an die Zehn Gebote und endet mit seiner fundamentalen Kritik beim Tempel von Jerusalem. Er fragt, warum man Gott überhaupt ein Haus bauen kann, ob Gott so etwas überhaupt braucht, wo er doch überall ist. Dann aber holt Stephanus erst richtig aus und schlägt ihnen seine Anklageschrift nur so um die Ohren: »Ihr Halsstarrigen, ihr, die ihr euch mit Herz und Ohr immerzu dem Heiligen Geist widersetzt, eure Väter schon und nun auch ihr! Welchen Propheten haben eure Väter nicht verfolgt? Sie haben die getötet, die die Ankunft des Gerechten geweissagt haben, dessen Verräter und Mörder ihr jetzt geworden seid!« Das ist die Anklage wegen des Mordes an Jesus!

In diesem Moment mag es im Hohen Rat absolut still gewesen sein, gleichzeitig aber schoss wohl allen das Blut durch die Adern, stieg bis zum Kopf, bis sie dann in wutentbrannter Ladung seinen Tod zu forderten.

Stephanus zeigte in einer langen Linie auf, dass Jesus genau der Retter war, der oft genug versucht hatte, sein Volk auf den richtigen Weg zu bringen. Aber am Ende des Tages musste auch er dran glauben. Stephanus wird mit dieser Rede zum Rechtsanwalt der Sache Jesu. Mit dieser Rede begründet er quasi einen neuen Berufsstand: den Anwalt der Gerechtigkeit Gottes.

Wir können uns eine kleine Scheibe vom Mut des Stephanus abschneiden! Wir könnten auch hier und da zum Anwalt der Gerechtigkeit Gottes werden! Wir könnten uns auch mehr trauen, ohne Angst von Gott und Jesus zu sprechen! »Nur Mut«, würde Stephanus uns sagen! »Nur Mut! Ich sehe den Himmel offen und den Menschensohn zur Rechten Gottes stehen!« (Apostelgeschichte 7,56)

Deshalb hat er mit seinem Lebens-Zeugnis auch einen glatten Einser verdient.

10 Alles hat ein Ende

– Hl. Silvester /Jahresschluss (31. Dezember)

Bibelstellen: Kohelet 3,1–15 / Johannesbrief 2,18–21 / Johannes 1,1–18
Symbol: Stundenglas

Handlung

Auf einem Tisch gut sichtbar steht ein Stundenglas, dessen Sand auch tatsächlich 60 Minuten von einem Glasbehälter in den nächsten rieselt. Zu Beginn des Gottesdienstes – direkt nach der Begrüßung – dreht der Sprecher das Glas um, so dass es zu rieseln beginnt. Notfalls geht auch eine kleine Sanduhr, man sieht sie halt nicht so gut.

Predigtimpuls

Die Zeit verrinnt. Das Stundenglas zeigt es uns. Wie die Stunden und Minuten des letzten Tages des Jahres. Wie jedes Jahr. Wir feiern den Jahresschluss, werden zuhause fein essen, dann vielleicht einem TV-Sender mit dem Unterhaltungsprogramm folgen oder aber mit Freunden bzw. der Familie zusammen sein … Kurz vor Mitternacht werden die Sektgläser gefüllt und wir zählen die letzten Sekunden laut mit, bis wir alle mit den Gläsern anstoßen und uns ein gutes neues Jahr wünschen.

Vielleicht werden es heute Nacht aber manche Menschen auch so machen wie Abraham. Sie werden zum Himmel hinaufschauen und die künstlichen Sternfunken der Feuerwerke betrachten! Vielleicht wird der Himmel nicht bewölkt sein, so dass wir wirklich die Sterne sehen und zählen können.

In uns Menschen wohnt eine tiefe Sehnsucht. Am Ende des Jahres, vor allem am letzten Tag des Jahres, den wir vom Namen her dem Bischof von Rom, Papst Sylvester († 335 in Rom), zu verdanken haben, da wird diese Sehnsucht in uns wach. Wir schauen zurück auf die vergangenen Tage, Erinnerungen kommen wieder, Menschen, die wir beerdigt haben, rühren uns an, so dass ein paar Tränen fließen. Alles hat ein Ende … das ist schon wahr.

Ja, im Laufe eines Jahres verändert sich ganz viel. Von jetzt auf gleich kann alles ganz anders sein. Würden wir den alten Abraham befragen, würde er uns sagen: »Ich hab' es aufgegeben, dass mein Leben erfolgreich ist, nicht einmal Kinder wurden mir geschenkt!« Seine Sehnsucht ist die nach einer guten Zukunft. Das verbindet uns mit ihm. In der Lesung haben wir gehört, dass Gott ihn zum Himmel aufblicken lässt, damit er seinen Blick aus der Versenkung hebt, so wie wir sagen: Jetzt schau einmal auf! Abraham hat kein Feuerwerk gesehen, und er hat auch nicht in den Sternen die Zukunft gelesen, wie manche beim Frühstück im Horoskop. Abraham schaut auf zu Gott. Mit diesem Aufschauen verändert er seine Körperhaltung. Er verändert seine Grundhaltung zum Leben.

Ich bin mir gewiss, dass es im vergangenen Jahr vieles gab, weshalb wir unseren Blick zum Boden gesenkt haben: Erschöpfung, Resignation, Frust, Enttäuschung, Trauer, Angst. Doch für uns Christinnen und Christen endet nur ein Kalenderjahr. Das neue Kirchenjahr hat ja längst begonnen und längst haben wir von Gott die Zusage erhalten, dass es weitergeht! An Weihnachten haben wir die Geburt Jesu gefeiert. Mit jedem Kind geht das Leben weiter – das wissen vor allem Großeltern nur allzu gut. Im Alter, in der Krankheit und womöglich mit dem Sterben vor Augen, richten sie ihre Augen auf das Kind, auf den Enkel.

Wir können heute Nacht auch ganz bewusst einen Moment die Zeit anhalten und Gott danken für das vergangene Jahr. Wir können Gott danken für die Menschen, mit denen wir zusammengelebt haben, die mit uns den Arbeitsplatz teilen, mit denen wir um etwas gerungen und gestritten haben, mit denen wir gefeiert haben, von denen wir Abschied genommen haben.

Wir können Gott danken für die schönen Momente, in denen wir glücklich waren. Vielleicht können wir sogar dafür danken, dass wir das ein oder andere an Leid erfahren mussten – weil wir dadurch dem Leben etwas mehr auf die Spur kamen, irgendetwas wieder mehr schätzen konnten …

Machen wir es wie der Psalmenbeter, wenn er im Psalm 86 betet: »Mein Herr und mein Gott, ich will dir danken mit ganzem Herzen, ich will deinen Namen ehren auf ewig.« (Psalm 86,12)

11 Auf die Plätze, fertig los!
– Neujahr (1. Januar)

Bibelstellen: Numeri 6,22–27 / Lukas 2,16–21
Symbol: gelbe Linie am Boden

Handlung

Irgendwo in der Kirche zeichnet der Sprecher mit gelber Kreide auf den Fußboden zu Beginn der Predigt mehrere gelbe Linien. Oder er befestigt einen Klebestreifen auf dem Fußboden.

Predigtimpuls

Das alte Jahr liegt hinter uns. Wir haben wie jedes Jahr in der Silvesternacht den zwölften Glockenschlag wie einen Startschuss in das neue Jahr erwartet. Und jetzt? – Das neue Jahr hat schon begonnen. Es ist schon wieder ein paar Stunden alt. Wie ein leeres Blatt Papier liegt *(Jahreszahl)* vor uns und wir nehmen die Feder zur Hand und schreiben unsere Geschichte weiter. Wie die Geschichte enden wird? – Gott sei Dank wissen wir das noch nicht! Damit verheißt das leere Blatt Papier uns noch alle Chancen, kreativ mit unserer Biografie fortzufahren.

Haben Sie sich einen Vorsatz für *(Jahreszahl)* genommen? Klassiker sind ja immer: »Ich höre mit dem Rauchen auf!« und »Ich muss dringend ein paar Kilo abnehmen!« – Nichts ist dabei spannender als der Neujahrsvorsatz, der am 2. Januar schon »von gestern« ist. Wir stehen gewissermaßen in den Startlöchern hinter der gelben Linie und sind gespannt darauf, was kommen wird … Diese gelben Linien sollen uns noch einmal an diesen kurzen Moment erinnern, den wir nur brauchen, um vom alten Jahr in das neue zu wechseln.

Lassen wir uns dazu von den Lesungen etwas anstecken! In der ersten Lesung hieß es: Der Herr »schenke dir Heil« – Ich bin fest davon überzeugt, dass sich alles gut fügen wird. Wenn man das Wort im Hebräischen genau betrachtet, dann steht dort am Ende »Schalom« – meist wird es mit Frieden übersetzt. In einem jüdischen Kommentar zu dieser wichtigen Bibelstelle wird es mit Glückseligkeit übersetzt.

Was macht uns glücklich, was macht uns selig? Wir sind glückselig, wenn wir mit Menschen zu tun haben, die uns mögen! Wenn wir mit Menschen in Beziehung stehen, von denen wir spüren, dass sie für uns da sind. Gott macht es uns vor – wir müssen ihn einfach imitieren. Es ihm gleichmachen. Wenn wir als Glaubensgeschwister füreinander da sind, erleben wir Glückseligkeit. Können Sie sich darüber freuen, wenn andere glücklich sind? Sich mit jemandem freuen, dass es ihm gut geht, ist auch eine besondere Begabung! Meist beneiden wir andere, betrachten argwöhnisch, wenn ihnen etwas gelingt. Im Leistungssport, unter Künstlern, unter Geschwistern – überall lauert diese Gefahr! Es gibt einen schönen alten Spruch, der hier gut passt: »Der schönste Augenblick zum Glücklichsein ist jetzt!« – Genießen wir also das Glück, das uns geschenkt wird!

Doch noch etwas sagt der Segen des Aaron: Der Name Gottes soll auf die Israeliten gelegt werden, so wie man eine Hand auf den Kopf eines Menschen legt. Wörtlich übersetzt steht im Text: »So sollen sie meinen Namen über die Kinder Jisraels aussprechen und ich werde sie segnen!« (Numeri 6,27). Es gibt eine schöne alte Tradition in unserer Kirche: Wenn jemand von uns weggeht, können wir ihm ein kleines Kreuz auf die Stirn zeichnen! Das wäre doch etwas für das neue Jahr! Wenn eure Kinder morgens zur Schule gehen, zeichnet ihnen ein kleines Kreuz auf die Stirn! Wenn sich die Familie nach einer Feier wieder trennt: Macht euch gegenseitig ein Kreuz auf die Stirn! Das Kreuz ist ja wie ein Pluszeichen in der Mathematik. Ein gutes »Vorzeichen« für unser Leben!

In diesem Sinne wünsche ich allen ein gesegnetes, neues Jahr! Auf die Plätze, fertig, los!

12 Es waren doch eh keine Könige!
– Erscheinung des Herrn / Hl. Drei Könige (6. Januar)

Bibelstellen: Jesaja 60,1–6 / Matthäus 2,1–12
Symbol: drei echte Sternsinger

Handlung

Drei echte Sternsinger treten mit ihrer königlichen Kleidung vor den Altar und singen das bekannte Sternsingerlied »Wir kommen daher …«. Sie sagen (besser singen) ihren Spruch auf und werden herzlich und mit Dank verabschiedet.

Predigtimpuls

»Wir kommen daher aus dem Morgenland. Wir werden geführt von Gottes Hand. Wir wünschen euch ein fröhliches Jahr, Kaspar, Melchior und Baltasar.« Ob sie tatsächlich Kaspar, Melchior und Baltasar hießen, na ja, sind wir mal ehrlich: Das ist eher eine Erfindung späterer Jahrhunderte. Und auch wenn das jetzt noch mehr verunsichert: Ob es sie überhaupt gegeben hat, na ja, auch das sei mal dahingestellt.

Denn: Bei den ganzen Ereignissen von Weihnachten inklusive der drei Weisen aus dem Morgenland waren noch keine Medien dabei, weil es die noch nicht gab, weder Reporter noch Kamerateams von einem TV-Sender … Ist es deshalb nur ein Märchen? Nein, das wäre auch wieder falsch. Denn Jesus wurde ja tatsächlich geboren. Aber, ob sich das alles so ereignet hat, müssen wir wirklich offenlassen. Klar ist aber, was mit der Geschichte der drei Weisen gesagt werden soll: Noch bevor das eigene Volk, also Israel, den Messias, den Mensch gewordenen Gott, erkannt hat, haben bereits Fremde kapiert, worum es geht. Und das ist gar nicht so ungewöhnlich, das kennt jeder von uns. Wir kommen mit einem wildfremden Menschen ins Gespräch, zum Beispiel während einer Zugfahrt. Da kann es passieren, dass wir plötzlich stundenlang über die privatesten Probleme sprechen können – was in der eigenen Familie vielleicht nicht mal mit dem Ehepartner geht. Vielleicht ist die Außenperspektive manchmal ganz hilfreich, um zu verstehen, was wirklich wichtig ist. »Betriebsblind« nennen wir deshalb die Innenperspektive, die verstaubt und wenig veränderbar ist.

Wahrscheinlich will der Evangelist Lukas genau das andeuten: Er will eine Außenperspektive für das Ereignis um die Geburt Jesu. Sozusagen: mal über den Tellerrand schauen. Nichts anderes machen in diesen Tagen, vor allem heute und morgen, unsere Kinder und Jugendlichen in den vielen Pfarreien in allen deutschen Diözesen und in Österreich. Das Ziel der Sternsinger ist: als »Außenstehende« zu den Menschen in den Wohnungen und Häusern gehen, sie einladen, über sich hinauszuschauen und zu entdecken, dass wir anderen durchaus helfen können. Das Kindermissionswerk und der Bund der Deutschen Katholischen Jugend übernehmen die Verantwortung und gewährleisten, dass das gesammelte Geld auch tatsächlich den Projekten zugutekommt, die es brauchen.

Dafür braucht es tatsächlich keine echten Könige, so wie die Sterndeuter von damals in Wirklichkeit auch keine Könige waren. Aber es braucht Menschen, die bereit sind, sich auf den Weg zu machen, also sich für andere einzusetzen, so wie es die vielen Kinder und Jugendlichen tun.

Die Menschen an der Krippe weisen uns aber auf noch etwas hin: An der Krippe finden sich die armen Hirten und jene Weisen ein. Das will uns sagen: Die am Rand lebenden Armen und die Menschen, die von weither kommen und nicht unseren Glauben teilen, sie sind die Ersten, die Gottes Frohe Botschaft hören und verstehen. Unsere Sternsinger lernen auf ihren Wegen zu den Häusern und Wohnungen viele Menschen kennen, denen es ebenfalls wirtschaftlich nicht gut geht, die arm sind. Und sie begegnen Menschen, die weit weg sind von Glaube und Kirche. Ihnen allen bringen sie die Botschaft von Gottes Nähe! Das ist ein toller Dienst! Ein großes Dankeschön euch schon jetzt!

13 Untergetaucht und wiederaufgetaucht
– Taufe Jesu

Bibelstellen: Matthäus 3,1–12 / Markus 1,9–13 / Lukas 3,21–22
Symbol: Krug mit Wasser, Schale

Handlung

Nach der Predigt werden eine oder mehrere Schälchen mit Wasser gereicht, damit sich jeder an seine Taufe durch ein Kreuzzeichen erinnern kann.

Predigtimpuls

Der Jordan ist der tiefste Punkt, den wir auf unserem Planeten zu Fuß erreichen können. 415 Meter liegt der Fluss unter dem Meeresspiegel. Er entspringt durch ein paar Zuläufe im See Genesaret und mündet in der Nähe von Jericho ins Tote Meer. Lediglich das salzhaltige Tote Meer liegt durch die jährliche Versalzung schon etwas tiefer – bei 420 m. Der »Nehar ha-Jarden« wird übersetzt mit »der herabsteigende Fluss«. Der Jordan ist auch der Schauplatz der Taufe Jesu. Regelmäßig finden noch heute an mehreren Taufstellen des Jordan Erwachsenentaufen statt, oft von Freikirchen. Dabei werden die Taufbewerber ganz in das nicht unbedingt saubere Jordanwasser hinuntergetaucht. So ähnlich dürfen wir uns das auch mit Johannes und Jesus vorstellen. Vielleicht haben Sie ja einmal eine solche Taufe erlebt.

Wenn jemand mal eine Erwachsenentaufe erlebt, kann es leicht passieren, dass er sich danach wünscht, selbst als Erwachsener getauft worden zu sein. Es ist eine andere Erfahrung als die Taufe eines Kindes. Warum? Ein Säugling kann sich nicht kritisch mit dem Glauben auseinandersetzen; er bekommt von der Taufhandlung bewusst nichts mit, kann auch nicht entscheiden, ob er es überhaupt will, und er kann das Neue, das jetzt beginnt, auch nicht vom Verstand her begreifen. Als Erwachsener müssten wir uns wohl auch die Frage stellen: Was ist der Nutzen für mich, wenn ich Christ bin? Brauche ich Gott für ein geglücktes Leben? Oder um es mal sehr salopp zu formulieren: Wozu ist Gott überhaupt gut?

In einer theologischen Zeitschrift war einmal ein Artikel überschrieben mit: »Wird es langsam eng für Gott?« Es ging darin um die Bedeutung Gottes für unsere Zeit, angesichts der vielen wissenschaftlichen Errungenschaften. Man kann von dieser Aussage sehr verunsichert werden. Hat der Prophet Jesaja also recht, wenn er uns sagt: »Sucht den Herrn, er lässt sich finden, ruft ihn an, er ist nah!« (vgl. Jesaja 55,6) – Aber wozu brauche ich Gott, wenn ich doch alles erklären kann? Oder ist Gott wirklich nur ein Lückenfüller für ungeklärte Fragen?

Was bewirkt unser Glaube an Gott? Stutzig kann uns da ein Satz in der zweiten Lesung aus dem Johannesbrief machen: »Denn alles, was von Gott stammt, besiegt die Welt!« Gott ist *weit* und es wird ihn geben, unabhängig davon, ob wir an ihn glauben oder nicht, ob wir alles wissenschaftlich geklärt haben oder nicht! Wichtig ist, dass wir all dem weltlichen, manchmal sinnlosen Treiben, dem Machtgehabe der großen Politiker etwas gegenüberstellen: Das Gute, von dem Jesus den Menschen Zeugnis ablegte, das wird die Welt besiegen!

Gott will weder Krieg, noch Neid oder Eifersucht, nicht Hass und Habgier, er will auch nicht, dass in seinem Namen Bomben gezündet oder Kreuzzüge geführt werden. Der Gott, an den wir als Christen glauben, will, dass wir einander lieben! Das heißt: Frieden halten, gerecht sein, auf den Nächsten achten, mit Respekt der Schöpfung und den Mitmenschen begegnen! So wenig ich diese Liebe beweisen kann, die ich nicht sehe, so wenig kann ich auch Gott beweisen, den ich nicht sehe. Aber wenn es spürbar die Liebe zwischen uns Menschen gibt, dann gibt es auch spürbar die Erfahrung, dass Gott existiert.

Auf diesen Gott sind wir getauft! Auf diesen Gott hin hat sich Jesus in den Jordan eintauchen lassen und ist wieder aufgetaucht. Deshalb lade ich Sie ein, dass wir uns jetzt an diese Taufe erinnern. Ich möchte das Wasser in diesem Krug nun segnen, werde es in diese Schale gießen möchte dann einladen, dass alle nach vorn kommen, die Hände in die Schale tauchen, sich selbst mit dem Weihwasser bekreuzigen, um damit zu sagen: Ja, auf diesen Gott hin bin ich getauft: im Namen des Vaters, des Sohnes und des Heiligen Geistes. Amen.

(Der Sprecher spricht nun ein Gebet über dem Wasser im Krug und gießt es in die Schale. Er selbst bekreuzigt sich als Erstes mit dem geweihten Wasser. Wo der Vorgang des Nachvornkommens zu lange dauert, könnten auch kleine Schälchen durch die Bankreihen gereicht werden. Das sich Be-

kreuzigen ist sinnvoller als das Besprengen mit Weihwasser, vor dem manche Menschen eher in Deckung gehen …)

Gebet über dem Krug mit Wasser

Gütiger, liebender Gott!

Am Anfang war auf der Erde nur Wasser und aus dem Wasser entstand alles Leben, das auf dieser Erde zu finden ist. Dafür danken wir, denn wir Menschen sind Teil des Lebens.

Das Wasser löscht den Durst, es reinigt uns und es ist ein Symbol für die Zugehörigkeit zu Jesus Christus, auf den wir mit Wasser getauft wurden.

Segne dieses Wasser, und lass uns an den Anfang der Freundschaft zwischen Gott und uns denken, wenn wir uns damit bezeichnen: im Namen + des Vaters, + des Sohnes und + des Heiligen Geistes. Amen.

Gebet © Rainer M. Müller

14 Ein Selfie mit dem Königskind
– Fest Darstellung des Herrn (2. Februar)

Bibelstellen: Hebräer 2,11–12.13c-18 / Lukas 2,22–40
Symbol: ein Handy und ein Selfie-Stick

Handlung

Der Sprecher geht während der Predigt zur Krippe, nimmt das Jesuskind und macht ein Selfie mit dem Jesuskind und sich.

Predigtimpuls

Zwischen 500 und 1000 Euro zahlen junge Eltern manchmal für einen Kinderwagen, der mit allen Raffinessen ausgestattet ist. Dazu wird in die Taufe investiert, denn es soll ja schließlich eine schöne Feier sein: Also geht man fein essen. Und das ist ja nur ein Teil der Kosten, sobald so ein kleiner Wurm auf der Welt ist. Eltern opfern also heute eine ganze Menge für ihr Neugeborenes.

Die Investition zur Zeit Jesu war etwas günstiger: ein Paar Turteltauben für jene, die es sich leisten konnten. Alternative: zwei junge Tauben, die man in den Felsennestern quasi gratis einfangen musste. Eine Taube war damals nicht nur ein Symbol des Friedens – wie die weiße Taube dies ja bis heute ist. Sie war auch ein Symbol der Fruchtbarkeit. So wurde sie zum Dankopfer für die glückliche Geburt, verbunden mit der Beschneidung, dem Bundeszeichen Israels Gott gegenüber.

Heute lassen Eltern ihr Kind in der Regel taufen. Unzählige Fotos werden dabei gemacht, das Kind steht im Mittelpunkt. Ich möchte heute mal auch ein Foto mit dem Jesuskind machen.

(Sprecher geht zur Krippe, macht mit dem Jesuskind ein Selfie)

Das Fest Darstellung des Herrn sagt ja: Jesus wird quasi der Öffentlichkeit vorgestellt, also zum Tempel gebracht. Wie Hanna und Simeon damals, sehen vor allem die Großeltern in den kleinen Erdenbürgern auch etwas von der Zukunft aufleuchten, die über ihr vergängliches Leben hinausgehen wird. Mit dem Dankopfer für die Geburt Jesu begann sein Weg als kleiner gläubiger Jude, so wie heute mit der Taufe der Weg des Glaubens beginnt. Nicht umsonst begleitet eine besondere Kerze auch die Tauffeier. Manche lassen sich tatsächlich auf eine tiefe Freundschaft mit Gott ein und bleiben ihm ein Leben lang treu. Für sie ist der Glaube auch eine Kraftquelle in dunklen Momenten. Andere verlieren die Spur, tauchen aber bei der Erstkommunion und der Firmung wieder auf.

Ich mache mal lieber noch ein Selfie, schließlich ist Jesus ja eine besondere Persönlichkeit.

(Sprecher macht zum zweiten Mal ein Selfie mit dem Handy)

Aber irgendwas scheint mit der Taufe doch verknüpft zu sein, da sie von allen Sakramenten jenes zu sein scheint, auf das am wenigsten verzichtet wird, egal wie nahe oder fern man von der Kirche, von Gott, vom Glauben ist. Ich denke, dass dahinter eine Sehnsucht steckt.

Man will für das neugeborene Kind das Beste. »Alles Gute!« wünschen wir einander zu vielen Anlässen. Wir meinen damit: Möge dir dein Leben gelingen, möge alles gut verlaufen!

Aber für den greisen Simeon bedeutet dieser Moment im Tempel noch mehr. Er hat wie der Prophet Maleachi die Menschen Israels vor Augen, die ohne Durchblick, ohne Perspektiven, ohne Weitsicht leben. Keine Wende in Aussicht – alles scheint verdunkelt, das Leben wird wie durch die dunklen Gläser einer Sonnenbrille erlebt. Das kennen wir! Es gibt solche Phasen im Leben. Mitten in diese dunkle Nacht bricht der Anfang eines neuen Tages. Ein helles Wort wird uns zugesagt! Ein Wort, wie wenn es Eltern sprechen: Das wird schon wieder! Du schaffst das! Wir bekommen das hin! Es wird alles gut! Solche Worte hellen unser Leben auf!

Man kann sie zwar nicht mit einem Foto auf dem Handy einfangen, aber vielleicht erinnert uns ja das Selfie mit dem Jesuskind daran.

Fastenzeit

15 Abgebrannt und ausgebrannt
– Aschermittwoch

Bibelstellen: Joel 2,12–18 / 2. Korinther 5,20 – 6,2 / Matthäus 6,1–6.16–18
Symbol: Asche, Luftschlangen, Papierreste, Holzspäne, Sieb, Schale

Handlung

Während der Predigt verbrennt der Sprecher Luftschlangen, Papierreste und etwas Holzspäne in einer Tonschale. Er siebt das verbrannte Material durch ein Sieb auf einen großen Teller durch – die Asche für das Aschenkreuz. Mit dieser Asche zeichnet er später das Aschenkreuz auf die Stirne der Gläubigen.

Predigtimpuls

Wenn wir Buddhisten wären, dann müssten wir bei schlechter Lebensführung nach dem Tod noch einmal als ein Tier oder als ein Mensch wiedergeboren werden. Komisch, dass das für viele Menschen hierzulande so verlockend ist. Im Buddhismus ist das nämlich keine Belohnung. Aber hier denkt man: Was wir verpasst haben, holen wir rasch nach – eine zweite, eine dritte und, wenn es sein muss, noch eine vierte Chance! Aber der östliche Buddhismus betrachtet die Wiedergeburt als eine Buße, fast könnte man sagen: eine Art Strafe! Man muss sich das Nirvana, den Zustand des inneren Glücks und der Erlösung, verdienen.

Ich kann das gut verstehen, dass wir uns manchmal wünschen, wie beim Computer die Reset-Taste zu drücken! Das System startet noch mal neu, als wäre nichts passiert. Im wirklichen Leben ist es aber nicht so! Viele Menschen sind ausgebrannt und auf der Suche. Und das Leben läuft einfach weiter: Ob nach dem Tod eines Menschen, nach dem Scheitern einer Beziehung oder was auch immer im Leben geschieht – es geht einfach erstmal weiter. Zumindest äußerlich! Innerlich bleibt manche Uhr stehen und die Vorzeichen verändern sich. Ich vergleiche solche Momente gerne mit dem Augenblick, in dem man auf der Straße wegen erhöhter Geschwindigkeit geblitzt wurde. Der Schreck sitzt dir im Nacken, du trittst auf die Bremse und für einige Zeit fährst du etwas verlangsamt weiter. Doch dann, irgendwann gewinnt das Auto wieder an Fahrt, du wirst wieder mutiger. Du sagst dir: Es ist jetzt eben so, da musst du jetzt dein Bußgeld zahlen, dann sehen wir weiter.

Obwohl wir es besser wissen, entscheiden wir uns manchmal für das Gegenteil. Wir machen Fehler. Etwas in uns erlischt in diesem Moment, wie ein gutes Licht, das ausgeblasen wird. Dafür flackert etwas auf, ein Feuer, das ganz viel zerstört.

(Der Sprecher entzündet jetzt die Luftschlangen, das Papier und die Holzspäne.)

Vielleicht müssen wir Menschen uns deshalb immer wieder entscheiden, was wir wollen. Die Fastenzeit ist genau der richtige Zeitpunkt hierfür! Einer meiner Lieblingsverse aus einem Gedicht von Robert L. Frost lautet: »Im Wald, zwei Wege sich mir boten dar, ich wählte den, der weniger betreten war, und das veränderte mein ganzes Leben!« Die gewohnten Trampelpfade verlassen verlangt Mut! Wir wissen nicht wie es wird … Die Trampelpfade hingegen machen betriebsblind.

Die Fastenzeit bietet uns beide Möglichkeiten an! Manchmal treffen wir – trotz dieser Erkenntnis – die falschen Entscheidungen! Wenn wir Glück haben, stellt sich der Weg als eine Sackgasse heraus, an deren Ende wir umkehren können. Wenn wir Pech haben, verlieren wir uns im Wald im dichten Gestrüpp wie Hänsel und Gretel. Kein Weg führt mehr zurück. Aber als Christen wissen wir: Gott liegt etwas an dir und mir, es liegt ihm etwas am Menschen, sonst würde er uns nicht in diesem Dickicht zurufen: »Adam, wo bist du?« (Genesis 3,9)

Gewiss: Wie du dich als Mensch entscheidest, ob du auf den Ruf antwortest, welchen Weg du einschlägst, das ist dein Ding! Wir können uns beraten lassen – wie große Unternehmen das auch tun. Für teures Geld holen sie sich die Empfehlungen von Wirtschafts- oder Personalberatern ein. Aber die Entscheidung und die Verantwortung trägt letztlich jeder selbst. Auch Gott bietet uns Entscheidungsalternativen an. Im Buch Deuteronomium sind sie aufgeführt: Glück oder Unglück, Segen oder Fluch, Tod oder Leben! Aber statt uns jetzt die Entscheidung allein zu überlassen, flüstert er uns quasi wie ein Coach seine Empfehlung ins Ohr: »Wähle das Leben!« – »Elige vitam!« (vgl. Deuteronomium 30,19)

(Der Sprecher siebt jetzt die kalt gewordene Asche auf einen großen runden Teller, segnet sie und bitte die Menschen nach vorn zum Auflegen des Aschenkreuzes.)

16 Gott sei Dank, das bin ich los!
– Fastenzeit I

Bibelstellen: Kolosser 2,6–15 / Lukas 16,1–12
Symbol: Schuldschein

Handlung

Am Ende der Predigt erhalten alle Gottesdienstbesuchenden einen »Schuldschein«, den sie mit nach Hause nehmen können. Darauf sind einige Impulsfragen notiert und als Überschrift das Wort »Schuldschein«. Die Leute sind eingeladen, diesen Schuldschein zur Osternacht mitzubringen, wo sie ihren Schuldschein zerknüllt ins Osterfeuer werfen können.

Predigtimpuls

»Darf's etwas mehr sein?«, fragt regelmäßig in der Metzgerei die Verkäuferin. Im Leben ist uns das »etwas mehr« an Gewicht manchmal unangenehm. »Etwas mehr« bedeutet auch mehr Belastung, mehr schlechtes Gewissen, manchmal mehr schlaflose Nächte. Für den Müll unserer Haushalte kommt regelmäßig die Müllabfuhr. Aber wie ist das mit den Altlasten der Seele, dem Seelenmüll, den wir manchmal Jahre und Jahrzehnte mit uns rumschleppen? Wäre es da nicht auch schön, wir könnten das mal – im übertragenen Sinne – über Bord werfen und wissen, dass es im Meer der Vergessenheit ganz in der Tiefe untergeht?

Die österliche Buß- bzw. Fastenzeit bietet uns diese Sondermüllentsorgung der Seele an. Wir räumen die Wohnungen aus, betreiben Frühjahrsputz, machen in den Firmen Inventur und ziehen Bilanz. Warum sollten wir nicht auch vor Gott einmal das Haus unserer Seele aufräumen? Im Zugehen auf Ostern ist das die Einladung. Das bedeutet aber im ersten Schritt: Wir müssen ehrlich sein zu uns selbst! Mogeln bringt uns nicht weiter, auch nicht, wenn wir uns selbst alles schönreden.

Manche Dinge klagen uns deshalb an, weil sie unerledigt sind und uns belasten. Paulus spricht vom »Schuldschein«, der uns anklagt. Er schreibt im Kolosserbrief: »Er hat den Schuldschein, der gegen uns sprach, durchgestrichen und seine Forderungen, die uns anklagten, aufgehoben. Er hat ihn dadurch getilgt, dass er ihn an das Kreuz geheftet hat.« (Kolosser 2,14) Was machen wir jetzt damit?

Ich möchte Ihnen heute einen Schuldschein mit nach Hause geben. Nehmen Sie sich in den nächsten Wochen bis Ostern Zeit, einmal darüber nachzudenken: Was sind die Dinge in meinem Leben, die zurzeit schiefliegen? Wo könnte ich etwas ändern? Wo habe ich meine Anteile daran, dass Beziehungen nicht mehr stimmen?

Der Schuldschein, der uns anklagt, wird ans Kreuz geheftet, das ist das Angebot Gottes. Das heißt: Jesus packt den Schuldschein wie das Kreuz auf seine Schulter. Er »entlastet« uns, so wie die Schuldenentlastung der hoch verschuldeten EU-Staaten oder der sogenannten »Schwellenländer«. Entlastet zu werden, lässt uns aufatmen: »Gott sei Dank, das bin ich los!«

Im Alten Israel gab es das auch alle 50 Jahre. Das war so vorgeschrieben als Jubeljahr. Da wurden die Schulden erlassen, besonders jene, die mit hohen Zinsen belastet waren. Wäre das nicht auch eine gute Erfahrung für Sie, vor Ostern den Rucksack des Lebens mit all dem Seelensondermüll, den Altlasten, einmal loszuwerden?

Nehmen Sie den Schuldschein mit, schreiben Sie die Dinge drauf, die für Sie belastend sind, manchmal reichen ja ein paar Stichworte. Bringen Sie den Schuldschein zu einem persönlichen Gespräch oder zum Bußgottesdienst zur Aussprache mit – und schließlich auch zur Osternacht. Da werfen Sie ihn dann einfach ins Osterfeuer. Glauben Sie mir, Sie werden die Erfahrung machen: »Gott sei Dank, das bin ich los!«

17 Wenn du im Scheinwerferlicht stehst!
– Fastenzeit II (Taborsonntag)

Bibelstellen: Matthäus 17,1–13 (oder Parallelstellen)
Symbol: Scheinwerfer oder Deckenfluter oder Taschenlampe

Handlung

Zu Beginn der Ansprache richtet der Sprecher die Scheinwerfer *(Deckenfluter sollten beweglich sein)* auf die Gottesdienstgemeinde. Es geht auch mit einer großen Taschenlampe.

Impulspredigt

Taborsonntag. Der Tabor ist ein Berg in Israel, etwa acht Kilometer östlich von Nazaret. 588 Meter ist er hoch und heißt offiziell: »Dschebl et-Tor« und neuhebräisch: »Har Tavor«. Er steht isoliert, sozusagen mitten in der Landschaft. Aber im Neuen Testament wird er in besonderer Weise genannt. Es ist der Berg der Verklärung. Zu biblischen Zeiten soll er ganz bewaldet gewesen sein, nur ein Hochplateau, etwa 1200 x 400 Meter soll frei gewesen sein. Auch habe man eine große Festung auf ihn gebaut, später einen Wallfahrtsort, wie so oft auf den Bergen.

Die Geschichte, die uns im Neuen Testament zum Tabor überliefert ist, haben wir eben gehört: Jesus nimmt die Jünger Petrus, Jakobus und Johannes mit auf einen hohen Berg. Wir müssen jetzt allerdings ehrlich sein: Ob es wirklich der Tabor war, ist zwar unklar, aber seit frühester Zeit hat man den Tabor in der Erzählung dieses Geschehens dafür auserwählt.

Vor ihren Augen, so lesen wir, verwandelt Jesus sich plötzlich. Ein helles Licht erleuchtet ihn, stark wie die Sonne, blendend weiß werden seine Kleider. Und die Gestalten Mose und Elija erscheinen und bilden mit Jesus eine Dreiergruppe großer wichtiger Persönlichkeiten des Volkes Israel. Für die Jünger ein imposantes Ereignis. Wie mit einem Scheinwerfer wird hier Jesus in Szene gesetzt. Und das mit voller Absicht. Eine Stimme wird hörbar, die Jesus als geliebten Sohn benennt.

Für viele TV-Stars, Fernsehmoderatoren und Schauspieler ist das Alltag. Die Scheinwerfer sind ständig auf sie gerichtet. Das Problem ist aber, dass jene, die im Rampenlicht stehen, oft so geblendet sind, dass sie die Menschen nicht mehr erkennen können. Das ist der Nachteil. Dazu kommt, dass manche, die immer nur auf Bühnenbrettern stehen, den Boden unter den Füßen verlieren können. Wer im Leben immer nur bewundert werden will, wird schnell überheblich und arrogant, bildet sich auf die bisher erbrachte Leistung zu viel ein und wird unnahbar. – So versteht sich der Scheinwerfer Gottes nicht, der auf Jesus gerichtet wird.

Natürlich tut es auch uns tut gut, wenn uns in erfolgreichen Momenten des Lebens jemand auf die Schulter klopft und sagt: Du bist echt klasse! – Was aber, wenn es niemanden gibt, der mir sagt, dass ich geliebt bin? Dass ich echt klasse bin?!

Der Taborsonntag und das Taborereignis ermutigt diejenigen unter Ihnen, die jetzt die Hand heben könnten. Auch wenn Ihr Name weder in der Zeitung steht und Sie nur selten von anderen Anerkennung erhalten, sollen Sie wenigstens wissen, dass Sie in den Augen Gottes ein genialer Gedanke sind! Geliebt und gemocht dürfen auch Sie sich im Scheinwerferbad Gottes sonnen. Das ist die Zusage an diesem Sonntag heute. Du darfst wissen: Bei Gott stehe ich im Scheinwerferlicht der Zusage und Wertschätzung. Gönnen wir uns das!

(Der Sprecher kann noch einmal das Licht des Deckenfluters oder Scheinwerfers etwas auf einzelne Menschen richten.)

Für Jesus hatte dieses Ereignis Konsequenzen. Der Satz, der zu ihm gesagt wurde, stärkte ihn, wie schon einmal bei der Taufe: »Du bist mein geliebter Sohn!« – Das gilt auch dir: Du bist meine geliebte Tochter, mein geliebter Sohn!

18 Endlich ich! Zeit für mich …
– Fastenzeit III

Bibelstellen: Kohelet 1,1–11 und 3,1–15
Symbol: Wecker oder Hängematte

Handlung

Der Sprecher stellt einen alten Wecker auf den Altar (oder Ambo), der laut tickt. Er zieht ihn sogar vorher noch mal extra etwas auf. Der Wecker ist so eingerichtet, dass er nach ein paar Minuten laut klingelt *(sollte noch während der Predigt sein).*

Die Alternative ist die Hängematte, die zwischen zwei Ständern aufgehängt wird.

Predigtimpuls

»Endlich ich, Zeit für mich!« – das ist der Songtitel eines Liedes der Gruppe PUR. Solche Momente kennen wir alle: einfach mal Zeit für sich haben, abschalten können, die Füße hochlegen, die Seele baumeln lassen, den lieben Gott einen guten Mann sein lassen … So umschreiben wir das Gefühl »Endlich ich, Zeit für mich!« Es ist kein egoistisches oder egozentrisches Gefühl, das sich hier breitmacht, sondern das, was Therapeuten in der Regel eine gesunde »Psychohygiene« nennen, also eine gute Sorge um das eigene Selbst.

Das biblische Pendant zu diesem Liedtext lautet: »Alles hat seine Stunde« (Kohelet 3,1) – wir haben eben die Lesung aus dem Buch des Propheten Kohelet gehört. Es gibt »eine Zeit zum Gebären und eine Zeit zum Sterben« (Kohelet 3,2), eine Zeit zum Bauen und zum Niederreißen (vgl. Kohelet 3,3), eine Zeit Kriege zu führen und Frieden zu schließen (vgl. Kohelet 3,6), eine Zeit für die Liebe und eine Zeit für den Hass (vgl. Kohelet 3,8) usw. Alles hat seine Zeit. Erschütternd ist dabei nur die lapidare Erkenntnis, dass es nichts Neues unter der Sonne gibt (vgl. Kohelet 1,9), dass also auch ein römischer Feldherr nach Feierabend schon genauso gerne die Füße hochlegte oder in den damaligen Thermen seine Ruhe haben wollte wie wir heute in den eigenen vier Wänden mit Fußbodenheizung, wenn wir uns auf dem Wohnsofa rumlümmeln.

Auch Jesus sucht immer wieder Orte zum Alleinsein auf. Mehrmals erzählt uns die Bibel davon. Er zieht sich zurück und entzieht sich sogar der Menschenmenge (vgl. Markus 1,35 oder Lukas 4,42 / 5,16 usw.). Warum? Weil die Begegnung mit Menschen Kräfte kostet. Kräfte, die uns ermüden, auslaugen, auspowern. Es ist eine Energie, die wir für andere investieren. Um aber wieder aufzutanken, müssen wir ausruhen.

Also: endlich ich, Zeit für mich! Das ist aber auch ein Satz, den wir getrost sagen dürfen, wenn wir im Dienst an anderen Menschen stehen. Denn Zeit für uns haben, heißt auch, mit uns selbst in Kontakt treten. Noch einmal uns selbst wahrnehmen. Unser Körper meldet uns eh unsere Defizite, d. h. unsere Bedürfnisse, die nicht befriedigt werden. Zeit für mich kann auch die Zeit für gesunden Sport sein, für ein Buch, für ein Theaterstück oder ein Konzert. Zeit für mich kann auch die Zeit mit alten Freunden und Freundinnen sein oder mit der Familie, die mich oft viel zu selten sieht.

Zeit für mich ... das könnte aber auch die Zeit sein, die ich in der Stille genieße, indem ich tatsächlich nichts mache! Oder aber in der Stille in Kontakt trete mit Gott. Die Fastenzeit ist so eine »Zeit für mich«-Zeit.

Variante 1 zur Fortsetzung (Jetzt könnte der Wecker klingeln)

Manchmal muss ich mir den Wecker stellen, damit ich daran erinnert werde, eine Pause zu machen.

Variante II zur Fortsetzung (Sprecher geht bewusst mit Funkmikro zur Hängematte)

Manchmal muss ich bewusst den Ort wechseln und die Hängematte aufsuchen, in der ich meine Seele baumeln lassen kann.

Endlich ich, Zeit für mich! Diese Zeit beginnt ... jetzt.

19 Es ist wieder gut!
– Fastenzeit IV

Bibelstelle: Markus 7,31–37
Symbol: Pflaster / Verbandmull

Handlung

Im Laufe der Ansprache umwickelt der Sprecher der ein oder anderen Person eine Stelle am Arm mit einer Mullbinde oder klebt ein Pflaster drauf, auch auf den eigenen Arm oder an den Finger. Es ist sinnvoll, diese Interaktion mit den entsprechenden Personen vorher kurz abzusprechen!

Predigtimpuls

Es ist so rasch passiert. Mal mit dem Hammer daneben geschlagen, mit dem Messer leicht in den Finger geschnitten, vom Fahrrad auf den Arm gefallen, mit dem Kopf an einem Balken gestoßen – wir verletzen uns oft! In der Regel hilft ein Pflaster, eine Kopfschmerztablette oder eine Salbe. Manchmal braucht es den Besuch beim Arzt mit einem Rezept für besondere Medikamente, hin und wieder müssen wir operiert werden. Wie gesagt: Meistens hilft ein Pflaster oder ein Verband.

(Der Sprecher geht durch die Kirche und klebt hier und da ein Pflaster auf den Arm eines Menschen oder umwickelt seinen Arm mit einem Verband.)

Aber wohin wenden wir uns, wenn wir hier innen drin in unserer Seele verletzt werden, wenn wir gekränkt und deshalb krank werden? Viele Menschen gehen dann zu einem Psychotherapeuten oder Psychologen. Früher war das anders. Manche Menschen gehen mit ihren Sorgen und Kränkungen auch zu einem Priester. Wichtig ist: Es hört dir jemand zu und hat ein gutes Wort für dich.

Als wir Kleinkinder waren, da sind wir mit unserem inneren Leid zur Mama oder zum Papa. Meist war der Schrecken viel größer, wenn wir uns den Kopf gestoßen hatten oder hingefallen waren. Oft genügte dann auch nur ein einfacher Satz. Der allein war schon heilsam: »Es wird alles wieder gut!« Das spendete Trost. Unsere Eltern und Großeltern, aber auch die Lehrerin in der Grundschule oder die Erzieherin im Kindergarten – sie wussten irgendwie, wie die Zauberformel lauten musste … »Es wird alles wieder gut!«

Dieser Satz spiegelt sich wider in den Aussagen Jesu, wenn er sagt: »Deine Sünden sind dir vergeben!« (Matthäus 9,2) oder »Steh auf und geht umher!« (Markus 2,9) oder »Dein Glaube hat dich gerettet!« (Markus 10,52) – Es sind nur verschiedene Varianten derselben Aussage: »Es ist wieder gut!« An einer Stelle der Bibel sagen es sogar die Menschen über Jesus selbst: »Er hat alles gut gemacht!« (Markus 7,37).

Wenn Gott den Menschen heilt, dann ist das mehr als ein Pflaster für die Seele. Die Zuwendung Gottes geht durch Mark und Bein und lässt uns aufatmen. Eine dieser Heilungen ist jene, wenn uns jemand verzeiht. Wenn wir so richtig großen Mist gebaut haben, dann tut es gut, wenn jemand sagt: »Ich verzeihe dir!« – Hinter diesem Satz steht die wunderbare Erfahrung »Es ist wieder gut!«

Die Fastenzeit lädt dazu ein, diese Erfahrung zu machen. Im Evangelium (Markus 7,31–37) geht es um das Lösen von Fesseln (Markus 7,35) und das Öffnen (der Ohren). Welche Befreiung kann schöner sein, als dass jemand die Fesseln löst, die uns am Leben hindern?

20 Auf den richtigen Geschmack kommen
– Fastenzeit V

Bibelstelle: Deuteronomium 30,1–20, vorzugsweise Vers 19
Symbol: Schoko-Pralinen in einer Schachtel

Handlung

Zu Beginn der Predigt geht der Sprecher mit einer Schachtel Pralinen durch die Kirche und lässt die Leute je eine herausnehmen.

Predigtimpuls

Und, haben Sie jetzt ein schlechtes Gewissen, weil Sie eine Praline gegessen haben? In der Fastenzeit? Ich hoffe nicht, denn die Sonntage sind ja vom Fasten ausgenommen … da feiern wir immer ein wenig Ostern. Sie können also beruhigt sein.

Aber zu den Pralinen: Kennen Sie den Film »Forrest Gump«? Es geht dabei um einen jungen Mann, der von sich behauptet, um den ganzen Erdkreis gelaufen und bei ganz großen politischen Ereignissen dabei gewesen zu sein. Er flunkert gewaltig! An einer Stelle aber im Film sitzt er an einer Bushaltestelle auf einer Wartebank und isst genüsslich Pralinen. Ganz nebenbei sagt er einer Dame, die neben ihm sitzt und wartet: »Das Leben ist wie eine Schachtel Pralinen. Man weiß nie, was man kriegt!«

Der Satz ist genial. Wenn nicht gerade alle Pralinen von derselben Sorte sind, dann ist es ja wirklich so: Das Leben ist wie die Vielfalt von Pralinen in einer Schachtel und wir kommen erst beim Naschen auf den Geschmack, wie die ein oder andere schmeckt. Das Leben ist in vielen Dingen ebenso unerwartet. Manchmal deshalb auch tragisch.

Das Leben ist nicht immer nach unserem Geschmack. Aber wie sagt Viktor Frankl, einer der großen österreichischen Psychotherapeuten des letzten Jahrhunderts: »Wenn du vom Leben nichts mehr erwartest, das Leben erwartet aber etwas von dir!« Gott hat uns das Leben geschenkt, damit wir das Beste daraus machen. Nur manchmal müssen wir erst auf den richtigen Geschmack kommen.

Im Alten Testament heißt es im 30. Kapitel des Buches Deuteronomium: »Leben und Tod lege ich dir vor, Segen und Fluch. Wähle also das Leben, damit du lebst, du und deine Nachkommen!« (Deuteronomium 30,19) Das Leben zu wählen, das ist die Einladung der Fastenzeit an uns. Die Fastenzeit ist wie das Ankommen in einem Hotel, wenn uns auf dem Kopfkissen ein kleines verpacktes Stück Schokolade erwartet. Wir sind eingeladen, uns wohlzufühlen.

Wie können wir das in der Fastenzeit machen? Indem wir das, was auf den Teller kommt, richtig genießen, Bissen für Bissen. Indem wir, wenn wir das eine machen, nicht schon in Gedanken bei etwas anderem sind. Indem wir uns Zeitfenster einrichten, in denen wir auch mal nichts tun. Oder ein Zeitfenster, z. B. bei einem Spaziergang, um mit Gott ins Gespräch zu kommen.

Das Leben ist wie eine Schachtel Pralinen, man weiß nie, was man bekommt … – Das Leben ist voller Überraschungen, heißt das ja letztlich auch übersetzt. Können Sie Überraschungen gut annehmen? In manchen Firmen sagt ein Abteilungsleiter zu seinen Angestellten, wenn es um die Neu- oder Weiterentwicklung eines Produktes geht: Überraschen Sie mich! Nun denn … dann sagen wir es einfach mal zu Gott: Überrasch uns mit dem Leben, erwarten wir das Unerwartete!

21 Das Herz im Kopf haben

– Fastenzeit VI

Bibelstellen: Amos 5,21–25 / 1 Könige 3,5–15
Symbol: Kopfsalat, großes Messer, Holzbrett

Handlung

Auf einem Tisch im Altarraum oder beim Ambo liegen ein Kopfsalat, ein großes Küchenmesser sowie ein Holzbrett. Während der Predigt schneidet der Prediger den Kopfsalat senkrecht oder waagerecht durch.

Predigtimpuls

»Rauchen gefährdet die Gesundheit!« – so steht es auf jeder Zigarettenpackung, begleitet von erschütternden Bildern, die vom Rauchen abhalten sollen. Sagen Sie mal einem Raucher, dass Gott keinen Gefallen an Rauch- und Brandopfern hat … Die Bibel macht es. Sie kann mit der Anti-Rauchkampagne locker mithalten. Es ist der Prophet Amos, der schon sagt: »Wenn ihr mir Brandopfer darbringt, ich habe kein Gefallen an euren Gaben, und eure fetten Heilsopfer will ich nicht sehen.« (Amos 5,22) – Natürlich geht es nicht um Zigaretten oder Zigarren. Es geht um Tieropfer. Durch viele Jahrhunderte hindurch glaubten die Menschen zahlreicher Kulturen und Religionen, sie könnten die Götter durch Brandopfer besänftigen. Das ging soweit, dass sie sogar Menschen opferten. Der erste Mord geschah auch während eines Brandopfers, als Kain seinen Bruder Abel tötete, weil der Geruch des Tier-Opfers seines Bruders mehr in der Nase Gottes hängen blieb als sein Gemüse-Opfer.

Doch die Kritik des Propheten Amos ist nur der Anfang. Sie reicht letztlich viel weiter. Im Psalm 51 wird sie noch verstärkt. Mit den Worten Martin Luthers lesen wir dort: »Denn Schlachtopfer willst du nicht, ich wollte sie dir sonst geben, und Brandopfer gefallen dir nicht. Die Opfer, die Gott gefallen, sind ein geängsteter Geist; ein geängstetes, zerschlagenes Herz wirst du, Gott, nicht verachten.« Heißt übersetzt: Es geht nie um Leistung in den Augen Gottes, sondern, dass wir so, wie sind, vor ihm sein dürfen.

Worauf kommt es in der Fastenzeit eigentlich im Kern an? Doch nicht darauf, dass wir äußerlich irgendwelche »Opfer« darbringen! Manch einer verzichtet ja sogar auf das Rauchen – aber was nützt das, wenn es nach der Fastenzeit genau so weitergeht wie vorher? Wesentlich ist doch, dass wir unser Herz vor Gott ausschütten! In der deutschen Sprache gibt es ein schönes Sprichwort. Es lautet: »Man muss das Herz am rechten Fleck haben!«

(Der Prediger nimmt den Kopfsalat und schneidet ihn entzwei.)

Der Kopfsalat hier sagt uns, wo wir das Herz haben sollen! Wenn wir vor Gott unser Herz ausschütten sollen, müssen wir es im Kopf haben! So wie beim Salat. Da ist das Herz im Kopf mitten drin. Es ist der Kern des Salats. Das Herz ist ja nur ein anderes Bild für die Seele des Menschen, denn als Organ ist es nur ein Muskel, der Blut pumpt. Aber übertragen ist es Ausdruck unseres Fühlens, unserer Sehnsucht, unseres Glaubens. Dieses »Herz« im Kopf zu haben heißt: mit unserem Fühlen, Denken, Hoffen, Zweifel, mit unserem Glauben in Kontakt zu sein!!! Im Kopf treffen wir Entscheidungen! Die Nervenzellen transportieren die Gefühlsregungen, die im Gehirn ausgeschüttet werden. Mit diesen Gedanken, mit unseren Ängsten, unseren Fragen sollen wir vor Gott treten. Keine Opfer! Keine Leistung! Nur wir selbst, so wie wir sind.

22 Einfach mal nachgeben …
– Beichte / Bußgottesdienst

Bibelstellen: Lukas 14,31–32 / Matthäus 18,21–34
Symbol: Schnürsenkel mit Knoten und ein (dickes) Seil mit Knoten zum Lösen

Handlung

Der Prediger hat einen Schnürsenkel mit einem Knoten und ein dickes Seil (Tau) mit mehreren Knoten zur Hand. Dies nutzt er während der Predigt.

Predigtimpuls

(Der Schnürsenkel wird hoch gehalten. Man kann auch jemanden bitten zu versuchen ihn zu lösen.)

Knoten. Im Schnürsenkel. Die haben es manchmal in sich. Vor allem, wenn wir es eilig haben. Und immer dann ist da ein richtig dicker Knoten. Den bekommst du fast nicht mehr raus. Da fingert man dann rum, zieht und lockert, nutzt die Zähne – alles schon mal erlebt? Das sind so Knotenerfahrungen, die einfach nervig sind. Da finde ich so ein Tau, ein dickes Seil, praktischer. Seeleute sind ja richtige Experten, wenn es um Knoten geht. Die wissen genau, welcher Knoten am besten hält, vor allem, wenn ein Schiff im Hafen oder in einer Schleuse festgemacht werden muss. Solche Knoten halten richtig gut, lösen sich in der Regel aber auch wieder gut auf.

(Der Sprecher hält das Seil mit dem einfachen Knoten hin und bittet jemanden, diesen zu lösen.)

Es gibt aber auch Knoten im übertragenen Sinn. Wenn zum Beispiel zwei Leute miteinander streiten. Jeder zieht an einem Ende vom Seil, und der Knoten zieht sich zu. Je dünner das Seil, umso schwieriger ist es, den Knoten zu lösen. Je fester die Leute ziehen, um so aussichtsloser wird es!

»Ich hab recht!« – »Nein, ich!« – »Er war es!« – »Nein, sie hat angefangen!« usw. So ziehen Kinder am Seil und ziehen den Knoten ihrer eigentlich guten Freundschaft immer fester. Dabei können Kinder richtig böse werden. Aber Erwachsene auch. Wenn Ehepartner miteinander streiten, klingt es oft genauso. Das Seil, das eigentlich wie eine Schnur die beiden miteinander verbindet, wird plötzlich so heftig hin- und hergezogen, dass es reißen könnte. Wenn dann noch ein Knoten drin ist, manchmal nur ein ganz kleiner Konflikt, dann surrt der zu und du hast kaum eine Chance, ihn zu lösen.

Jeder Streitpunkt im Leben ist so ein Knoten. Je verbissener wir damit umgehen, umso enger wird's. Unauflöslich! Irgendwann kannst du nur noch sagen: Wir gehen auseinander, aber der Streit ist nicht gelöst. Jede und jeder von uns kennt solche Knoten im eigenen Leben. Manchmal reichen sie weit zurück bis in die Kindheit. Da hatte man immer auf dem Nachhauseweg Ärger mit einem Mitschüler, das bleibt in einem drin – selbst beim Klassentreffen 20, 30 Jahre später. Auch in der Familie: Kränkende Bemerkungen des eigenen Vaters, eine Zurückweisung der Mutter, Streit mit den Geschwistern – all das verursacht Knoten. Knoten, die sich manchmal auch in der Gesundheit niederschlagen.

In der Fastenzeit kann es um solche Knoten gehen. Um Lebensknoten! Am besten ist immer, man fängt bei den eigenen Knoten an. Meistens gibt es mehr als eine Lösung, wenn es um Knoten geht. Eine erste lautet: »Der Klügere gibt nach!« – Ich weiß: Für viele hört sich das wie verlieren an. Als würde man Schwäche zeigen. Auf den ersten Blick. Aber es ist ein notwendiger Schritt, um den Knoten nicht noch fester zu ziehen. Nachzugeben heißt, die Spannung rauszunehmen, den Druck – ganz konkret: die Wut und den Zorn, auch in der Sprache.

Nicht alle Knoten lösen sich wie von Zauberhand. Und wenn der Gegner dann triumphiert, weil du nachgegeben hast, dann tut das richtig weh. Aber Jesus hat es ganz genauso gemacht. Sein Nachgeben bestand darin, dass er nicht noch mehr gereizt und provoziert hat. Obwohl ich mir denke, dass sein Schweigen einige Leute richtig wütend gemacht hat.

Dennoch: Er sagt, dass wir vergeben sollen. Vergebung ist auch ein Teil der Knotenlösung. Aber sie steht nicht gleich am Anfang. Vergebung braucht Zeit. Am Anfang steht nur, dass man nicht mehr weiterzieht, sondern nachgibt.

Karwoche und Ostern

23 Liegen gelassen – ein Palmzweig
– Palmsonntag

Bibelstelle: Markus 11,1–11 (und Parallelstellen)
Symbol: großer Palmzweig

Handlung

In der Nähe vom Ambo befindet sich ein großer Palmzweig. Irgendwo in der Kirche ist eine zweite Person mit einem Funkmikro nicht sichtbar und führt mit dem Sprecher einen Dialog.

Predigtimpuls (Dialogpredigt)

Sprecher: Ich wäre gerne dabei gewesen, damals. Das müssen viele Menschen gewesen sein, die in Jerusalem beim Pessachfest waren!

Palmzweig: Es waren sehr viele. Ich habe sie alle gesehen. Einer von ihnen hat mich in seinen Händen gehalten und laut »Hosianna!« gerufen!

Sprecher: Wer bist du denn? Mit wem spreche ich? Wo bist du?

Palmzweig: Hier, auf dem Boden liege ich! Ich bin einer von den Palmzweigen von Jerusalem!

Sprecher: Einer von damals? Ein Palmzweig, mit dem die Menschen Jesus zujubelten, als er auf dem Esel in die Stadt hineinzog?

(Der Sprecher hebt den Palmzweig auf und hält ihn hoch.)

Palmzweig: Ja, genau so ein Palmzweig bin ich!

Sprecher: Erzähl doch bitte! Wie war das? Wie hast du das erlebt?

Palmzweig: Es war ganz schön was los! Schon Tage vorher waren unglaublich viele Menschen nach Jerusalem gekommen! Die meisten wohnten ja damals bei ihren Verwandten oder Bekannten. Andere schliefen vor der Stadt auf den freien Flächen. Jerusalem platzte aus allen Nähten!

Sprecher: Ganz schön eng! Und mit den Pilgergruppen kam dann irgendwann auch Jesus aus Nazaret?

Palmzweig: Ja, man hat seinen Namen öfter gehört. Viele haben sich auf den Straßen über ihn unterhalten.

Sprecher: Was haben die Leute gesagt?

Palmzweig: Sie hatten die Hoffnung, dass er die Herrschaft der Römer zu Ende bringen würde. Und dass er der Messias sei! Also, der König der Juden, auf den das Volk so lange schon wartete.

Sprecher: Also hat man sich richtig nach ihm gesehnt …

Palmzweig: Viele. Aber nicht alle. Kurz vor dem Pessachfest habe ich gehört, dass die Römer ihre Truppen verstärkt haben, weil sie Angst vor einem Aufstand hatten! Aber auch der Hohepriester am Tempel und die übrigen Mitglieder des Hohen Rates hatten Angst.

Sprecher: Wovor hatten die denn Angst?

Palmzweig: Nun ja, Jesus war beliebt. Gleich nachdem er in die Stadt eingezogen war und alle laut »Hosianna« gerufen hatten, war er zum Tempel hinaufgegangen. Und da muss es dann richtig Ärger gegeben haben!

Sprecher: Wie – Jesus hat Ärger gemacht? Das kann ich mir bei ihm gar nicht vorstellen!

Palmzweig: Doch! Er war so richtig stinksauer darüber, dass der Tempel wie ein Kaufhaus aussah. Überall wurden Tiere verkauft für die Schlachtopfer. Es soll da sogar Leute gegeben haben, die noch direkt beim Tempel Geld gewechselt haben! Das war verboten.

Sprecher: Geld wechseln im Tempel? Der Tempel ist doch keine Sparkasse!

Palmzweig: So was hat Jesus wohl auch gesagt. Die Leute dürfen ja nicht mit der normalen Währung im Tempel bezahlen. Die mussten das Geld eintauschen, damit das Geld sauber ist.

Sprecher: Was ist dann passiert?

Palmzweig: Jesus hat die Tische der Geldwechsler und die Käfige mit den Tieren umgestoßen! Manche Käfige flogen natürlich dabei auf – flatterten Tauben rum! Dann schnitt er die Seile durch, mit denen Ziegen und Schafe festgebunden waren! Die sind alle rumgelaufen!

Sprecher: Ach du lieber Gott! Ein einziges Chaos!

Palmzweig: Das kannst du laut sagen! Alle haben wie wild durcheinandergeschrien! Abends hab' ich gehört, wie noch ein paar Frauen ganz aufgeregt davon sprachen. Da war es in der Stadt wieder etwas ruhiger.

Sprecher: Was haben die Frauen gesagt?

Palmzweig: Sie meinten, Jesus wurde von seinen Freunden in Sicherheit gebracht. Aber – sein Besuch in Jerusalem würde wohl unter einem schlechten Stern stehen.

Sprecher: Was meinten sie damit?

Palmzweig: Das habe ich mich auch gefragt. Sie haben von den »führenden Männern« Jerusalems gesprochen. Die seien ziemlich schlecht auf Jesus zu sprechen.

Sprecher: Was heißt das konkret?

Palmzweig: Naja, die wollen ihn beseitigen! Sie wollen ihn umbringen. Am besten sofort.

Sprecher: Aber warum denn? Wegen der Aktion im Tempel?

Palmzweig: Nein, deswegen nicht. Aber ich weiß, warum: Das hab' ich dieser Tage schon gehört, als Tempelpriester bei mir hier in der Nähe standen. Sie haben gesagt: Er verstößt ständig gegen das Ruhetagsgebot. Er heilt am Sabbat Kranke! Er nennt Gott seinen Vater. Und manche haben wohl Angst, dass er die Macht ergreift. Oder dass es einen Aufstand gibt!

Sprecher: Wieso – will er denn die Macht an sich reißen?!

Palmzweig: Nein, das glaube ich nicht. Aber die Leute hier sagen: Wenn der Messias kommt, dann beginnt das Königreich Gottes und dann braucht es keinen Tempel mehr und keine Opfer. Dann beginnt eine ganz neue Welt!

Sprecher: Oje … ich ahne Schlimmes. Das kann nicht gut enden!

Palmzweig: Du, wir müssen aufhören. Ich sehe schon wieder römische Truppen kommen. Die werden sich gleich hier hinstellen und Wache halten.

Sprecher: Alles klar. Danke dir, Palmzweig von Jerusalem. Gut, dass du das alles mitbekommen hast. Ich bin mir jetzt gar nicht mehr so sicher, ob ich damals unbedingt dabei sein wollte. Die Stimmung ist doch recht kritisch. Ich befürchte das Schlimmste für Jesus.

24 Gebrochen und zerbröselt – das Brot

– Gründonnerstag

Bibelstellen: 1 Korinther 11,23–29 / Markus 13,12–26
Symbol: Brotreste (am besten von Fladenbrot, größere und kleinere Stücke auf einem flachen Teller), weißes Tuch

Handlung

Vor dem Altar liegt ein weißes Tuch (Tischdecke), darauf ein Teller mit Brotresten. Um das Tuch einige Kissen. Sie deuten Sitzplätze an. Ein paar Tonbecher und ein Krug stehen auf dem Tuch. Irgendwo in der Kirche ist eine zweite Person mit einem Funkmikro nicht sichtbar und führt mit dem Sprecher einen Dialog.

Predigtimpuls (Dialogpredigt)

Sprecher: Wie sieht es denn hier aus? Keiner hat was weggeräumt. Überall liegen die Kissen herum und … hier ein Rest Brot, da lauter leere Becher und Rotweinflecken …

Brot: Ich bin übrig geblieben.

Sprecher: Ähm, Moment – wer ist »ich«?

Brot: Ich, der Rest Brot hier auf dem Tisch.

Sprecher: Oh, ich rede gerade mit einem Stück Brot?

Brot: … einem Stück Brot. In der Tat.

Sprecher: Das kommt etwas unerwartet. Was war hier los?

Brot: Hier war gerade ein jüdisches Pessachmahl. Und auch wieder nicht. Es war … anders als sonst.

Sprecher: Warum? Wie ist es sonst?

Brot: Naja, sonst trifft sich die ganze Familie. Der Jüngste fragt den Hausvater, was an dieser Nacht so anders ist. Der wiederum erzählt vom Auszug aus Ägypten und wie hastig man damals Fladenbrot gegessen und ein Lamm geschlachtet hat.

Sprecher: Und heute gab es kein Lamm?

Brot: Irgendwie war heute alles anders. Dieser Jesus hat zuerst seinen Jüngern die Füße gewaschen.

Sprecher: Wieso war das so besonders? Juden sind doch sehr reinliche Menschen. Hände waschen vor dem Essen – das haben wir doch von ihnen!

Brot: Ja, aber Jesus war der Hausvater. Das ist eigentlich Sklavenarbeit. Also macht das ein Diener im Haus. Aber dieser Jesus hat das selbst gemacht. Petrus, einer seiner Freunde, hat sich zwar gewehrt, aber dann …

Sprecher: … was dann?

Brot: Dann hat Jesus ihm die Füße gewaschen und etwas sehr, sehr Merkwürdiges gesagt.

Sprecher: Was denn?

Brot: Dass einer ihn verraten würde. Also: wie eine Anzeige bei Gericht oder so. Und dass er sterben müsste.

Sprecher: Also scheint es zu stimmen. So was hat mir vor ein paar Tagen ein liegen gelassener Palmzweig von Jerusalem auch schon erzählt. Man wird ihn umbringen wollen.

Brot: Aber ist das nicht furchtbar? Er hat doch niemandem was getan!

Sprecher: Naja, manche fühlen sich durch ihn gestört! Er soll zum Beispiel gesagt haben, dass Gott sein Vater sei. Und er soll Menschen geheilt und ihnen sogar ihre Sünden verziehen haben. Das darf anscheinend nicht mal der Hohepriester im Tempel.

Brot: Lass mich weitererzählen. Im Laufe des Essens – sie saßen ja alle auf dem Boden auf Polstern um den Tisch herum, da hat er sie so seltsam angeschaut. So traurig. Dann hat er nach mir gegriffen.

Sprecher: Er hat das Brot genommen.

Brot: Ja und mich geteilt. Nach links und rechts hat er ein Stück gegeben und dann gesagt: Bald werde ich sterben. So wie das Weizenkorn in die Erde gelegt werden muss, damit neue Ähren entstehen, aus denen Mehl für Brot gemacht wird, so muss ich auch sterben.

Sprecher: Das klingt richtig traurig.

Brot: Aber er hat es irgendwie mit so ruhiger Stimme gesagt. Es muss einfach so sein, sonst würde ihm keiner glauben. Und in Zukunft sollen seine Freunde das immer so machen.

Sprecher: Es erinnert schon an das Pessachmahl, oder? Damals haben die Juden doch auch ein Lamm geteilt und das Brot gegessen.

Brot: Ja, irgendwie kam er mir auch vor wie ein Lamm, das sein Leben hingibt. Doch das war noch nicht alles! Dann hat er zum Rotwein in dem Becher auch etwas gesagt.

Sprecher: Was denn?

Brot: Der Rotwein wäre wie sein Blut. Er wird sein Blut vergießen, damit die Menschen ihm glauben, dass er es ernst meint.

Sprecher: Womit ernst meint?

Brot: Naja, mit seiner Idee vom Reich Gottes!

Sprecher: Aber normalerweise vergießen Menschen nur im Krieg ihr Blut für ein Königreich oder ein Land.

Brot: Hier ist es anders. Er will nicht kämpfen. Er ist kein Terrorist. Aber er sagte auf die Fragen seiner Freunde, dass er nicht mit Gewalt auf Gewalt antworten könnte und deshalb den Tod auch akzeptieren müsste.

Sprecher: Ich finde das ganz schlimm. Das ist doch kein schönes Essen gewesen …

Brot: Nein, war es auch nicht. Die Stimmung war sehr gedrückt. Irgendwann ist Judas auch weggelaufen. Der hat es nicht mehr ausgehalten. Etwas später sind alle aufgebrochen und haben das alles hier zurückgelassen.

Sprecher: Brot und Wein. Jesus hat ein Zeichen gesetzt. Kein Kriegstreiber. Bis heute machen wir Christen das so: in Erinnerung an ihn. Weil er es ernst gemeint hat. Es war ein Mahl der Liebe. Man kann keine Gewalt mit Gewalt beantworten. Das geht immer noch schlimmer aus!

25 Ein Stück Holz vom Kreuz!
– Karfreitag

Bibelstellen: Jesaja 52,13–53,12 / Johannes 18,1–19,42
Symbol: Stück alter Holzbalken (ca. 100–150 cm)

Handlung

Auf dem Altar liegt ein großes Stück Holzbalken. Irgendwo in der Kirche ist eine zweite Person mit einem Funkmikro nicht sichtbar und führt mit dem Sprecher einen Dialog.

Predigtimpuls (Dialogpredigt)

Sprecher: Was für ein trauriger Tag! Die Stadt ist menschenleer. Der Himmel grau. Eine seltsame Stimmung!

Holz: Es war für alle ein trauriger Freitag.

Sprecher: Wer spricht da mit mir?

Holz: Ich, das Stück Holz vor dir – auf dem Altar!

Sprecher: Ein Stück Holz? Ich rede mit dir?

Holz: Ich bin ein Stück vom Kreuz. Ich war Teil des Querbalkens.

Sprecher: Damit hätte ich jetzt nicht gerechnet.

Holz: Das glaub ich dir gern. An mir starb ein Mensch, der auf grausame Weise ums Leben kam.

Sprecher: Jesus.

Holz: Ja, Jesus von Nazaret. Ich habe seinen Körper getragen, gehalten. Er hat mich durch die Gassen Jerusalems geschleppt. Aber ich war viel zu schwer für ihn. Er ist mehrmals zusammengebrochen.

Sprecher: Welcher Mensch kann das schon! Wir tun uns ja schon schwer, die Probleme im Alltag auf die Reihe zu bekommen – was heißt das erst, wenn jemand so elendig sterben muss.

Holz: Irgendwie ist es für mich ganz seltsam. Ich war die ganze Zeit bei ihm. Vom späten Vormittag an, als man mich ihm auf die Schultern legte, bis am Nachmittag, als er starb.

Sprecher: Man erzählt sich, dass nur wenige bis zum Schluss bei ihm waren. Seine Mutter, eine gute Freundin von ihm, Maria von Magdala, und einer seiner Jünger, Johannes.

Holz: Ja, die standen tatsächlich bei mir. Sie haben gelitten. Denk doch nur: Da muss eine Mutter zuschauen, wie ihr eigener Sohn stirbt!

Sprecher: Sag mir, Jesus hat doch noch etwas gesprochen, als er am Kreuz hing. Erinnerst du dich?

Holz: Ich erinnere mich an jedes seiner Worte! Er hat ein altes Gebet gesprochen. Einen Psalm. Er flüsterte fast nur noch, weil ihm die Kraft fehlte.

Sprecher: Was betete er?

Holz: Er sagte: Mein Gott, mein Gott! Warum hast du mich verlassen? Warum bist du so fern und hörst meine Hilferufe nicht? Jeden Tag rufe ich zu dir, mein Gott, doch du antwortest nicht. Jede Nacht schreie ich zu dir, doch ich finde keine Ruhe.

Sprecher: Er hat sich von Gott verlassen gefühlt.

Holz: Ja. Von Gott und der Welt. Dann sagte er: Mein Leben ist ausgeschüttet wie Wasser und meine Knochen haben sich voneinander gelöst. Mein Herz ist in meinem Inneren wie zerschmolzenes Wachs. Mein Körper ist ausgetrocknet wie eine Scherbe aus Ton. Meine Zunge klebt mir am Gaumen. Du hast mich in den Staub gestoßen und wie tot liegen lassen. Wie ein Rudel Hunde umkreisen mich meine Feinde und eine Rotte von Bösen treibt mich in die Enge. Sie haben mir Hände und Füße durchbohrt. Alle meine Knochen kann ich zählen. Meine Gegner sehen mich schadenfroh an. Sie teilen meine Kleider unter sich auf und würfeln um mein Gewand. Aber du, Herr, entferne dich nicht von mir! Du bist meine Stärke, komm mir schnell zu Hilfe!

Sprecher: Mir fehlen die Worte …

Holz: Ja, da kann man auch nicht mehr viel sagen. Ich habe versucht, so gut es geht, ihn zusammen mit den Nägeln zu halten. Aber ich habe mich auch schlecht gefühlt. Als Jesus jung war, hat er bei seinem Vater den Tischlerberuf gelernt. Er konnte aus Holz viel mehr machen. Und jetzt diente ich ihm als Kreuz. Ich schäme mich!

Sprecher: Das kann ich gut verstehen. Aber du hast es dir nicht ausgesucht. Die Römer haben auf diese Weise Tausende Menschen bestraft.

Holz: Aber er hatte es nicht verdient. Er hat selbst noch in dieser Stunde seines Todes den Menschen verziehen, die ihm so viel Leid angetan haben.

Sprecher: Die Frage stellt sich tatsächlich, warum er so sterben musste, worin der Sinn lag.

Holz: Als er nach Jerusalem zum Pessachfest kam, wusste er, dass die Römer einen kurzen Prozess mit ihm machen würden. Der Hohepriester und die Übrigen am Tempel hassten ihn oder sahen eine Gefahr in ihm.

Sprecher: Dabei hat er nur von einer neuen Welt gepredigt. Einer Welt ohne Gewalt, ohne Hass, ohne Terror, ohne Kriege.

Holz: Aber er starb wie ein Verbrecher, wie die beiden Terroristen links und rechts neben ihm. Die hatten echt einiges verbrochen!

Sprecher: Ja, in der Tat. Aber auch von denen hat sich einer noch am Schluss bekehrt.

Holz: Ich denke mir, Jesus hätte niemals mit Gewalt auf die Gewalt antworten können! Das passte nicht zu ihm. Und keiner hätte ihm mehr die Botschaft vom Frieden geglaubt, wenn er selbst mit Waffen und Soldaten seine Ziele durchgesetzt hätte.

Sprecher: Das stimmt wohl. Es musste wohl so sein.

Holz: Menschen, die von einer guten Grundhaltung überzeugt sind, die kämpfen nicht mit Waffen darum. Die zerstören kein Leben. Aber sie sind unter Umständen bereit, ihr eigenes zu verlieren, damit sie glaubhaft bleiben und sich nicht noch in der letzten Minute wie Feiglinge aus der Affäre ziehen.

Sprecher: Ob ich das wohl könnte …? So stark sein? Meiner Glaubensüberzeugung treu bleiben, wenn es hart auf hart kommt?

Holz: Nur wenige können das. Entscheidend ist, dass wir es versuchen!

26 Überflüssig – Das Grab ist leer!
– Osternacht

Bibelstellen: Johannes 20,1–9 / Markus 16,1–8 (und Parallelstellen)
Symbol: schönes Gefäß (Glaskaraffe) mit Öl (Olivenöl)

Handlung

Auf dem Altar oder einem Beistelltisch steht eine Glaskaraffe mit Öl. Wenn möglich, das Öl mit etwas Rosenöl vermischen. Es kann den Gottesdienstbesuchenden auch gereicht werden zum Schnuppern. Irgendwo in der Kirche ist eine zweite Person mit einem Funkmikro nicht sichtbar und führt mit dem Sprecher einen Dialog.

Predigtimpuls (Dialogpredigt)

Sprecher: Es ist eine eigenartige Nacht. Alles so still. Aber es liegt etwas in der Luft. Als würde etwas Besonderes geschehen …

Öl: So war es ja auch.

Sprecher: Wer spricht da?

Öl: Dreh dich um! Sieh zum Altar!

Sprecher: Wer bist du?

Öl: Das Ölgefäß. Das Gefäß mit dem kostbaren Salböl.

Sprecher: Ein Ölgefäß, das sprechen kann?

Öl: Ja, ich habe etwas zu erzählen! Erinnerst du dich nicht? Du hast dieser Tage schon mit ganz anderen Dingen gesprochen! Am Palmsonntag mit einem Palmzweig aus Jerusalem! Am Gründonnerstag mit einem Stück Brot vom Abendmahlsaal. Und erst gestern mit einem Stück Holz vom Kreuz.

Sprecher: Ja, das ist richtig. Sie haben mir alle von den Ereignissen in Jerusalem erzählt.

Öl: Heute Abend, in dieser Nacht will ich dir erzählen, wie die Geschichte mit Jesus weiterging!

Sprecher: Aber … sie war doch zu Ende! Das Kreuz – der Tod Jesu. Es war doch eh schon alles aus!

Öl: Nicht ganz! Du hast die Frauen vergessen, die ganz früh am Morgen zum Grab kamen. Sie hatten mich dabei. Das Öl zum Salben.

Sprecher: Ach ja, diese alte Tradition, die Toten zu salben. Aber macht man das nicht kurz vor der Beerdigung?

Öl: Es blieb keine Zeit mehr. Josef von Arimathäa hatte nur noch Zeit, die Leinentücher etwas in Salböl einzutauchen, damit der Leichnam nicht so riechen würde. Aber die Frauen, die nach dem Shabbat zum Grab kamen, sie wollten den Leichnam Jesu mit mir salben. Riech mal! Wie gut ich dufte! Nach Rosenöl!

Sprecher: Woooaaw! In der Tat! Du musst sehr teuer gewesen sein!

Öl: Ja, das stimmt. Aber für einen Toten war ich den Frauen nicht zu teuer! Dennoch war ich überflüssig!

Sprecher: Ein Öl, das überflüssig ist? Wie meinst du das?

Öl: Als die Frauen zum Grab kamen, war es leer. Der Stein war weg und als sie eintraten, war alles aufgeräumt. Die Leintücher lagen sorgsam gefaltet an der einen Seite der Grablegung auf dem Stein.

Sprecher: Was war geschehen? Hat man ihn in ein anderes Grab gebracht?

Öl: Das dachten viele! Der Hohepriester und die Schriftgelehrten hatten schon vorher diese Vermutung. Deshalb hatten sie Pontius Pilatus gebeten, ein paar Soldaten vor das Grab zu stellen. Stell dir vor: Acht Männer passten auf, dass niemand zum Grab kam!

Sprecher: Aber wie kann es dann sein, dass der Leichnam dennoch weggebracht wurde?

Öl: Er wurde nicht weggebracht. Er wurde auch nicht gestohlen! Das unterstellte man den Jüngern schon vorher. Nein! Jesus, der Gekreuzigte, war auferstanden!

Sprecher: Auferstanden? Wie soll so was gehen? Ein Toter … ist doch tot!

Öl: Ich kann dir das nicht erklären. Keiner kann das. Aber ich weiß, dass man mich nicht mehr brauchte. Außerdem hatte eine Frau, die in der Stadt als Sünderin verrufen war, ihn schon zu Lebzeiten gesalbt – mit sehr teurem Öl.

Sprecher: Du warst wirklich überflüssig.

Öl: Ja, aber das ist nicht schlimm! Irgendwie hab' ich gespürt, dass etwas Großartiges geschehen war! Die Frauen, die mich in einer kleinen Holzkiste bei sich trugen, die waren total durcheinander. Maria Magdalena erzählte als Erste, dass ER auferstanden sei!

Sprecher: Aber kann man denn sowas wirklich glauben? Leute erzählen manchmal viel …

Öl: Niemand weiß es. Es bleibt nur der Glaube. Aber der Glaube ist eine große Hoffnung. Du weißt doch selbst, wie traurig alle waren am Freitag, als es Nacht wurde. Alles an Hoffnung war zerstört. Die Jünger waren am Boden. Sie haben sich nicht einmal mehr vor die Tür getraut! Diese Frauen waren so stark! So mutig!

Sprecher: Mir scheint, dass Frauen im Leben viel mutiger sind als wir Männer. Sie halten viel mehr aus.

Öl: Deshalb wollten sie zum Grab. Den Leichnam salben. Wie einen König noch einmal salben! Christus heißt ja der »Gesalbte«. Sie ahnten in ihrem Herzen, dass der Tod nicht das letzte Wort haben würde.

Sprecher: Mhm … ich weiß nicht. Irgendwie fehlt mir ein Beweis dafür. Weißt du, wie in Physik – eine Formel!?

Öl: Es gibt keine Formel! Aber es gibt Zeuginnen und Zeugen, dass er lebt! Glaubst du denn, dass all diese Frauen und Männer für eine Lüge durch die Welt gezogen sind? Sie hätten sich lächerlich gemacht, wenn das, was sie verkündet haben, nicht wahr gewesen wäre! Ein Lügengebäude hält nicht lange! Das bricht irgendwann wie ein Kartenhaus zusammen. Denk doch: diese einfachen Fischer, Handwerker – glaubst du, dass sie alle dumm waren? Oder ein Paulus, ein jüdischer Lehrer, ein Theologe.

Sprecher: Ich weiß nicht. Ich kann es dir nicht sagen.

Öl: Dann versuch es, mit deiner Seele zu begreifen! Das ist ein Anfang!

27 Alles aufgeräumt – als ob nichts gewesen wäre! – Ostern am Tag

Bibelstelle: Johannes 20,1–10
Symbol: ordentlich gefaltetes Leinentuch

Handlung

Auf dem Altar oder einem Beistelltisch liegt ein ordentlich zusammengefaltetes Leinentuch. Irgendwo in der Kirche ist eine zweite Person mit einem Funkmikro nicht sichtbar und führt mit dem Sprecher einen Dialog.

Predigtimpuls (Dialogpredigt)

Sprecher: Alles vorbei. Das ist das Ende. Es war ja klar, dass es so kommen musste.

Leinentuch: Aber nein!

Sprecher: Was heißt hier: Aber nein! – wer spricht da überhaupt?

Leinentuch: Ich, das Leinentuch auf dem Altar.

Sprecher: Oh, es ist soweit. Ich höre schon Stimmen. Jetzt redet schon ein Stück Stoff mit mir …

Leinentuch: Ja natürlich! Ich habe dir etwas Wichtiges zu sagen!

Sprecher: Na, da bin ich aber mal gespannt, ob du mir einen roten Faden geben kannst zu alldem, was da passiert ist in Jerusalem.

Leinentuch: Rot sind nur die Blutflecken auf mir. Ich war das Leinentuch, in das man den Leichnam Jesu eingewickelt hat.

Sprecher: Dann hattest du mit Jesus noch im Tod Kontakt … also … wenn man das so sagen kann.

Leinentuch: Mehr als das. Ich durfte ihn umhüllen. Ich ging auf Tuchfühlung mit ihm. Ich war seine zweite Haut, habe ihm Schutz gegeben. Seine ganze Ohnmacht war zu spüren. Seine Schmerzen, seine Verwundungen – all das ist auf mir abgebildet wie auf einem Foto.

Sprecher: Mir fehlen die Worte …

(Stille)

Sprecher: Leid macht viele Menschen sprachlos. Und ungerechtes Leid noch mehr. Ungerechtigkeit verursacht eine große Unordnung auf dieser Welt. Alles gerät durcheinander, nichts ist mehr im Gleichgewicht.

Leinentuch: Das glaube ich gerne. Aber ich kann dir sagen, dass es nicht so bleibt. Es gibt eine Erlösung!

Sprecher: Du hast gut reden. Natürlich gibt es für viele Dinge eine Lösung, aber für den Tod nicht! Definitiv nicht!

Leinentuch: Ich spreche nicht von einer »Lösung«. Ich spreche von »Erlösung«!

Sprecher: Sorry, aber wer tot ist, ist tot. Da gibt es nichts mehr danach.

Leinentuch: Bist du da so sicher?

Sprecher: Absolut! Es sei denn, es war Betrug, und er hat noch gelebt, als er ins Grab gelegt wurde.

Leinentuch: Und dann?

Sprecher: Naja, dann ist er eben aufgestanden! Aber ich bitte dich … Nie und nimmer auferstanden von den Toten. Das ist ein Märchen!

Leinentuch: Ein Märchen, ok. Sagst du mir bitte noch, wie er rauskam? Da wäre noch der Stein vor dem Grab!

Sprecher: Seine Jünger?

Leinentuch: Von denen hat sich keiner mehr blicken lassen. Soldaten haben vor dem Grab Wache geschoben, und die Frauen hatten nicht die Kraft, einen massiven Felsblock wegzurücken.

Sprecher: Sorry, aber das grenzt mir zu sehr an Zauberei oder so.

Leinentuch: Ich will dir was sagen.

Sprecher: Jetzt bin ich gespannt.

Leinentuch: Es gibt Dinge zwischen Himmel und Erde, die sind euch Menschen verborgen.

Sprecher: Ach, jetzt kommt die Tour …

Leinentuch: So warte doch mal!

Sprecher: Na gut.

Leinentuch: Ich weiß, dass es nur schwer vorstellbar ist, dass es über den Tod hinaus etwas geben kann. Und ich weiß auch, dass ein leeres Grab oder zusammengefaltete Leinentücher keine Beweise sind, dass

Jesus auferstanden ist. Aber ich weiß auch, dass in jedem Menschen die Hoffnung wohnt, dass mit dem Tod nicht einfach alles vorbei ist.

Sprecher: Naja, es gibt auch Menschen, die sagen: Nach dem Tod ist es so, als ob einer im Zimmer das Licht ausmacht. Einfach dunkel.

Leinentuch: Natürlich gibt es solche Menschen! Doch wenn es drauf ankommt und diese Menschen sterben müssen, da können sie kaum loslassen. Sie klammern sich ans Leben wie manche an ein Stück Stoff. Jesus konnte loslassen, weil er tief in sich spürte, dass Gott ihn nicht im Stich lässt.

Sprecher: Und was kommt danach?

Leinentuch: Das weiß ich nicht. Keiner weiß das. Aber findest du es nicht seltsam, dass ich als Leinentuch ordentlich gefaltet im Grab liege? Als wäre ich ein Zeichen!

Sprecher: Ein Zeichen wofür?

Leinentuch: Dass eine Ordnung wiederhergestellt ist. Das alles seinen Platz hat, seine Richtigkeit.

Sprecher: Ich weiß nicht …

Leinentuch: Wenn jemand flüchtet, räumt er nicht mehr auf. Er lässt Chaos zurück. Aber Jesus hat keinen Grund zu flüchten. Er will kein Chaos, er will, dass alles gut ist.

Sprecher: Also für mich ist das keine Antwort, aber löst neue Fragen aus.

Leinentuch: Dann ist es gut so.

Sprecher: Aber ich hätte gerne Antworten!

Leinentuch: Haben eure Wissenschaftler und Theologen denn keine Antworten?

Sprecher: Nein!

Leinentuch: Ich auch nicht. Ich kann nur sagen: Mit mir begann eine neue Ordnung. Alles ist wieder gut.

Hinweis

Es wäre zu platt, einfach zu sagen, dass man das alles »glauben« muss. Die Anregung des Leinentuches ist eine doppelte: Da ist etwas zum Anfassen, aber auch zum Nachdenken über das Hier und Jetzt hinaus. Auferstehung wird nicht »konkreter«. Wir müssen selbst entscheiden, ob wir glaubend Schauende sind oder suchend Fragende. Aber wahrscheinlich geht die eine Haltung nicht ohne die andere.

28 Sie stritten unterwegs
– Ein Emmausgang am Ostermontag

Bibelstelle: Lukas 24,13–35
Symbol: Fladenbrot (ganz)

Handlung

Angedacht ist ein Weg-Gottesdienst zu sehr früher Stunde, beginnend in der Kirche. Um 8:00 Uhr könnte sich die Gruppe der Mitfeiernden in der Kirche, an einem Wegkreuz oder auch vor der Haustür eines Teilnehmenden versammeln. Nach einem Lied, einem Gebet erfolgt die erste Etappe im Schweigen. Danach wird das Evangelium bis Vers 27 vorgetragen. Der weitere Weg besteht aus einem Gespräch zu zweit, warum das alles geschehen musste. Bei der dritten Station werden die Verse 28–32 vorgetragen. Ein großes Fladenbrot liegt bereit. Der Predigtimpuls erfolgt an dieser Stelle. Danach werden die restlichen Verse des Evangeliums vorgetragen, und man geht den letzten Wegabschnitt zu einem guten Frühstück.

Predigtimpuls

Eben hieß es, dass die Jünger nicht mehr weiterkönnen. Sie brauchen eine Pause. Uns geht auch manchmal die Luft aus, nicht nur beim Wandern, sondern auch im wirklichen Leben bei alldem, was wir so durchmachen. Manche bleiben dann stehen und schauen sich mal um – in dieser Zeit können sie aufatmen. Andere setzen sich irgendwo hin und packen ihre Mahlzeit aus. Die beiden Jünger wollen auch nicht mehr weitergehen. Unterwegs haben sie sich unterhalten. Es gibt sogar eine Übersetzung, nämlich von Fridolin Stier, in der es heißt: »Sie stritten unterwegs miteinander.« Das ist ein ganz anderer Akzent. Sich nur unterhalten ist eine Sache. Aber streiten? Manchmal kann man das im Straßenverkehr beobachten. Wenn man an der Ampel steht und in den Rückspiegel zum Auto dahinter schaut. Wild gestikulierend reden Fahrer und Beifahrer miteinander. Jeder will rechthaben. Man macht sich Vorwürfe oder hat gemeinsam einen Schuldigen im Blick.

Ich könnte mir vorstellen, dass die Jünger auch überlegt haben, wer wohl Schuld hatte am Tod Jesu. Interessant ist aber, dass Jesus diese

Frage gar nicht stellt. Sondern: Er erklärt ihnen, warum das alles zusammenpasst, warum es so geschehen musste. Interessant, oder? Alles im Leben hat einen tiefen Sinn, eine Bedeutung. Manche sagen: Das ist das Schicksal, andere sagen Zufall, Jesus würde sagen: Es war eine Fügung. Es sollte so sein!

Vielleicht muss man manchmal an den Punkt kommen, dass keiner mehr weiterweiß. Vielleicht müssen wir manchmal um eine Sache streiten, ohne dass wir direkt eine Lösung parat haben. Zu einem Streit sagt man ja in der Regel, es sei eine »Auseinandersetzung«. Mir scheint ebenso wichtig, dass es nach der Auseinandersetzung auch wieder eine »Zusammensetzung« gibt, d. h. dass man sich an einen Tisch setzen kann. Und auch das sagen wir: »Setzen wir uns gemeinsam an einen Tisch!«, an einen »Runden Tisch« womöglich. Und da passiert es dann oft, dass man auch Lösungen findet.

In Emmaus sitzen die Jünger mit dem unbekannten Dritten – der wie ein Vermittler handelt – am Runden Tisch. Und sie erkennen etwas wieder, als er ein Stück Brot abreißt und ihnen gibt. Da war doch was! Da war doch einer, der gesagt hat: Wenn ihr das tut, dann bin ich mit an Bord! Dann bin unter euch!

Der Streit, die Auseinandersetzung hat zu einem gemeinsamen Lösungspunkt geführt. Gestärkt stehen die beiden wieder auf, sie gehen weiter. Jesus tat vorher schon so, als wolle er weitergehen, ein paar Schritte mehr machen, vertiefen – aber da ging es noch nicht. Jetzt brennt das Herz, die Energie ist wieder da, sie haben aufgetankt. Weiter geht's!

Zeit nach Ostern

29 Komm, Herr Jesus, sei unser Gast!
– Dank fürs tägliche Brot (Das Vaterunser)

Bibelstellen: Matthäus 6,5–14 (vor allem: Verse 9–13)
Symbol: Kochtopf und Kochlöffel

Handlung

Im Rahmen eines Familien- oder Kindergottesdienstes steht ein Tisch, gedeckt mit Tellern, Besteck und Gläsern im Altarraum. Stühle sind um den Tisch gestellt. Ein Kochtopf und ein Kochlöffel stehen dem Sprecher zur Verfügung. Gegen Ende kommen Kinder und setzen sich um den Tisch. Alle beten gemeinsam das Vaterunser.

Predigtimpuls

»Komm, Herr Jesus, sei unser Gast und segne, was du uns bescheret hast!« – das ist das Tischgebet, das bei vielen noch gebetet wird. Ich mach jetzt keine Abstimmungsfrage, bei wem noch zum Mittagessen gebetet wird. Aber wir können zumindest mal darüber nachdenken, warum es sich lohnen könnte, vor dem Essen einen kurzen Boxenstopp einzulegen und zu beten.

Wenn wir den Kühlschrank aufmachen, dann fallen uns manchmal die Dinge nur so entgegen. Milchpackungen, Eier, Schinken und Käse, Aufstrich, Marmelade, Gemüse ... was so alles kühl gelagert wird. Das Schöne ist: Es ist immer frisch, zu jeder Jahreszeit bekommen wir so ziemlich alles und wir müssen keine Angst haben, dass es mal einen Engpass gibt.

In anderen Ländern sieht das anders aus. Da haben manche nur eine Schale Reis, etwas Gemüse vielleicht. Andere haben nicht einmal das. Deshalb finde ich es wichtig, dass wir mit zwei Grundhaltungen an unseren Kühlschrank herantreten: mit Achtsamkeit und mit Wertschätzung.

Achtsamkeit, dass wir nichts wegwerfen, was man noch verarbeiten oder essen könnte. Eine Untersuchung der Bundesregierung für das Jahr 2017 hat einmal ergeben, dass jeder von uns pro Jahr mindestens 55 Kilogramm Lebensmittel wegwirft. Insgesamt landen in Privathaushalten 4,4 Millionen Tonnen Lebensmittel im Müll. Das ist der Wahnsinn!

Es gibt junge Leute, die aus den Mülltonnen noch haltbare bzw. brauchbare Lebensmittel einsammeln und daraus sogar ein Drei-Gänge-Menü zaubern. Andere verschenken die Lebensmittel, die übrig geblieben sind, an der Tafel für Obdachlose oder Bedürftige. Solche Initiativen sind immer besser, als etwas wegzuwerfen!

(Sprecher greift zum Kochtopf und Kochlöffel und rührt darin herum)

Daher finde ich es auch gut, wenn wir uns vor dem Essen am Tisch die Zeit nehmen und Danke sagen. Das ist die Wertschätzung. Wir können den Eltern Danke sagen, dass sie arbeiten gehen und für uns kochen. Oder den Großeltern, die manchmal die Lieblingsgerichte kochen und genau wissen, was uns schmeckt. Wir können den Bauern danken und den Händlern, die dafür sorgen, dass all das, was die Natur uns schenkt, auch auf dem Tisch landet. Selbst, wenn man Vegetarier ist oder vegan – es bleibt doch genügend, wofür wir Danke sagen können!

(Sprecher stellt den Kochtopf auf den Tisch)

Und schließlich könnte dieser Moment bei Tisch auch ein Dankeschön an Gott wert sein! Danke, dass bei der Entstehung der Erde alles so wie ein Puzzle zusammengepasst hat, dass wir hier atmen und leben können, dass es Wasser gibt und guten Ackerboden, auf dem alles wachsen und gedeihen kann.

Bleibt die Achtsamkeit. Wie viel kochen wir? Wie viel laden wir uns auf den Teller. Wie gehen wir mit Resten um? Auch bei uns landete sicher vieles im Müll. Wir sollten immer nur so viel kochen, dass wir nichts wegwerfen müssen. Lieber etwas einfrieren und später essen. Achtsam sein mit dem, was uns geschenkt ist.

(Kinder können nach vorn kommen und sich um den Tisch setzen)

Es gibt noch viele andere Tischgebete, die man beten kann. Aber eines, das könnte auch das Gebet sein, das immer mal wieder bewusst gebetet wird. Darin danken wir nämlich für das tägliche Brot. Beten wir das alle gemeinsam: das Vaterunser!

(Die Kinder beten mit der ganzen Gemeinde das Vaterunser.)

Und wenn es wirklich mal ganz schnell gehen muss, dann können sich auch alle einfach die Hand reichen und einer sagt laut: »Gesegnete Mahlzeit!«

30 Mahlzeit!

– Weißer Sonntag (Zweiter Sonntag nach Ostern)

Bibelstelle: Johannes 6,22–59
Symbol: Hostienschale mit Hostien, 2-Euro-Geldstück, Foto mit Hochzeitspaar, Teddybär, Zigarettenstummel

Handlung

Variante 1: Diese Predigt kann auch als Katechese genommen werden, wenn an diesem Tag in der Pfarrei Erstkommunion gefeiert wird. Der Sprecher geht mit einem 2–Euro-Geldstück zu einem Kind. Er gibt dem Kind das 2–Euro-Geldstück in die eine Hand und eine nicht geweihte Hostie in die andere Hand.

Variante 2: In einem normalen Sonntagsgottesdienst bittet der Sprecher jemanden aus der Gemeinde, ihm ganz kurz ein 2–Euro-Geldstück zu leihen.

Predigtimpuls

Könnte mir jemand von Ihnen ein 2–Euro-Stück leihen? Nur für kurz … Sie können es nachher auch in den Klingelbeutel geben. – Dankeschön. Das nenne ich großzügig!

Was bekommen Sie heute für 2 Euro? In der Bäckerei mit sehr viel Glück ein belegtes Brötchen, manchmal bei Sonderangeboten einen Fleischkäse-Weck, in den Discount-Märkten ein günstiges Getränk und evtl. ein belegtes Brötchen. Davon kann man seinen Hunger erstmal stillen. Für 2 Euro ist das möglich.

(Sprecher nimmt eine kleine Hostie aus der Schale)

Und jetzt frage ich Sie: Werden Sie hiervon satt? Der erste Hunger? Wenn der Magen knurrt? Nein! Nicht mal 2 Euro ist das wert. Ausgestanzt aus einer großen Hostienplatte. Was kostet so ein Stück, was denken Sie? – *(nimmt Angebote entgegen)* – Also – wenn Sie eine Packung mit 1000 Stück bestellen, im Internet, dann kostet Sie das genau 19,86 Euro. Das heißt: Ein Stück kostet sie aufgerundet gerade mal 2 Cent. Davon kann man ja nicht satt werden!!! Oder?

Und wenn Sie jetzt noch den Vergleich beim Gewicht machen … Das hier ist echtes Metall *(hat das Geldstück in der Hand)*, das hier … naja … eine Mischung aus Weizenmehl, Wasser und etwas Zuckersirup. Also nicht wirklich schmackhaft.

Finden Sie nicht auch, dass das Betrug ist? Sagt Jesus nicht: »Ich bin das Brot des Lebens; wer zu mir kommt, wird nie mehr hungern, und wer an mich glaubt, wird nie mehr Durst haben«? (Johannes 6,35). Als Kinder, also als Ministranten, haben wir ab und an vor der Messe ein paar Hostien gegessen. Ich kann mich nicht erinnern, dass die satt gemacht haben.

Wieso also kommen wir dazu, dass wir im Laufe der Messe sagen können: »Wer aber dieses Brot isst, wird leben in Ewigkeit.« (Johannes 6,58)?

Wenn ich ehrlich bin, dann muss ich gestehen, dass ein solcher Vergleich einfach hinkt. Denn: Was für den einen nur ein Teddybär *(hält den Teddybären hoch)* ist, ist für einen anderen ein Stück Kindheitserinnerung. Was für den anderen nur ein bedrucktes buntes Papier mit zwei Menschen ist, ist für jemand anderen das Hochzeitsfoto *(hält Hochzeitsfoto hoch)* und die Erinnerung an einen wunderbaren Augenblick im Leben, als man sich einander das Jawort sagte.

Es gab mal einen Theologen – Leonardo Boff –, der in einem seiner Bücher schrieb, dass er sich den letzten Zigarettenstummel seines Vaters *(zeigt einen Zigarettenstummel)* hatte zuschicken lassen, weil er bei dessen Sterben und Tod nicht dabei sein konnte. Es war für ihn das letzte Erinnerungsstück, das er mit seinem Vater in Verbindung brachte.

Deshalb ist das Brot, das wir hier in Händen halten, auch nicht einfach nur eine runde Oblate, wie sie manchmal in der Adventszeit zum Backen benutzt wird! Es ist auch mehr als ein Erinnerungsstück wie der Teddybär oder das Foto oder der Zigarettenstummel. Denn Jesus sagte beim Abendmahl: Wann immer ihr zusammenkommt, dann erinnert euch an mich und brecht das Brot von Neuem! Wörtlich: »Tut dies zu meinem Gedächtnis!« (1. Korinther 11,24)

Das Brotbrechen also ist das Entscheidende – wie bei den Jüngern von Emmaus (vgl. Lukas 24). Beim Teilen des Brotes erkennen sie ihn. Darin liegt der besondere Wert des Brotes. Darin zeigt sich, dass Jesus gegenwärtig ist. Und das bedeutet: Es ist die Zeit, die wir miteinander beim Mahl verbringen, diese besondere Mahl-Zeit! In dieser Zeit können wir erleben, dass das, was Jesus tat, noch einmal geschieht.

31 Wes Geistes Kind wir sind

– Pfingsten

Bibelstellen: Johannes 16,5–15 / Matthäus 7,15–20
Symbol: rotes Seidentuch

Handlung

Während der Ansprache legt der Sprecher einzelnen Personen für einen kurzen Moment ein hauchdünnes rotes Seidentuch auf. Dann nimmt er es wieder und legt es jemand anderem auf.

Predigtimpuls

Wissen Sie, was das Gute am Heiligen Geist ist? Nein? *(geht zu einer ersten Person – legt das Tuch auf)* Spüren Sie etwas? Man kann den Heiligen Geist nicht direkt spüren. Für einen kurzen Moment ahnen wir vielleicht: Da war doch was! Aber ... dann ist das Gefühl auch wieder weg. *(nimmt das Tuch – geht zur nächsten Person – legt das Tuch auf)* Können Sie ihn sehen? Nein? Nein, wir selbst sehen es oft nicht, aber andere erleben dann, dass sich durch uns etwas verändert! Wir könnten aber jemanden bitten, mit dem Handy ein Foto zu machen – dann sehen Sie ihn?! *(nimmt das Tuch – geht zur nächsten Person – legt das Tuch auf)* Belastet er sie? Nein, eben: Er ist leicht wie eine Feder, aber er fällt ins Gewicht, er ist gewichtig für unser Leben! *(nimmt das Tuch – geht zur nächsten Person – legt das Tuch auf)* Warten Sie mal kurz ... *(nimmt das Tuch nach einem kurzen Moment wieder weg)* Spüren Sie schon, wie er wirkt? Nein? Oder doch? Etwas?

Mir hilft der Vergleich mit dem Seidentuch. Wir spüren es kaum auf dem Kopf, vor allem nicht, wenn man noch Haare hat – Scherz am Rande: Männer mit Glatze sind im Vorteil! – Man sieht ihn nicht immer direkt, aber wir können am Verhalten und an dem, was sich ändert, erkennen, dass er gewirkt hat. Er belastet uns nicht, er drückt unsere Stimmung nicht – er macht im wahrsten Sinne des Wortes niemals »depressiv«. Und wir können sein Wirken nicht wissenschaftlich messen – aber wir erleben schon, wie sich Dinge verändern, wie WIR selbst uns verändern!

Es gibt eine Geschichte in der Bibel, da erleben die Jünger, dass es neben ihnen noch andere gibt, die im Namen Jesu Geister austreiben und predigen. Sie fragen Jesus deshalb: Herr, sollen wir dem ein Ende bereiten? Sollen wir dafür sorgen, dass Feuer vom Himmel fällt und sie damit aufhören? In der modernen Übersetzung heißt es dann: »Da wandte er sich um und wies sie (seine Jünger) zurecht.« Aber in der alten Übersetzung, auch in der alten Lutherübersetzung steht dort ein Satz, der als Sprichwort in unseren Sprachgebrauch Eingang gefunden hat: »Jesus aber wandte sich um und bedrohte sie und sprach: Wisset ihr nicht, welches Geistes Kinder ihr seid?« (Lukas 9,55)

Wes Geistes Kind wir sind – das zeigt sich tatsächlich an den Folgen des Festes, das wir heute feiern! Auch, wenn wir nicht beweisen können, dass er da war oder ist – so wie das rote Seidentuch, von dem wir ja mit dem Handy ein Foto machen könnten –, so spüren wir eben doch ganz leicht, dass da etwas war. Wenn wir uns drauf einlassen, verändert er uns.

Aber ich möchte es konkreter machen, anfassbar – wie das rote Seidentuch hier. 50 Tage nach Ostern feiert die Kirche den Moment, in dem Jesus seine Jünger in die Eigenständigkeit entlässt, so wie dies Eltern tun, wenn sie ihre Kinder hinausziehen lassen ins Studium, in den neuen Beruf, eine eigene Familie, kurz: in die Selbstständigkeit. Dann wird sich auch zeigen, so sagen manche, wes Geistes Kind wir sind.

Mit anderen Worten: Was haben wir gelernt von denen, die uns geprägt und ausbildet haben? Was nehmen wir mit von dem, was sie uns erzählt und anvertraut haben? Was übernehmen wir von dem, wie sie selbst das Leben gestaltet haben? Um nichts anderes geht es an Pfingsten: Was hat die Kirche von Jesus verstanden, wie lebt sie das, was gibt sie weiter? Wes Geistes Kind die Kirche ist, das kann man an denen ablesen, die sich Christen nennen. Biblisch klingt das so: An ihren »Früchten« werdet ihr sie erkennen! Und nicht: Am Zeitgeist werdet ihr sie erkennen!

Die »Zeitgeister« – das sind jene, bei denen das richtig ist, was gerade »in« ist, was in Mode ist! Der Zeitgeist der Firmen und Discountläden z. B. diktiert uns Woche für Woche, was wir brauchen, was jetzt gut für uns ist. In Wirklichkeit bestimmt das Geld deren Handeln, der Profit. Der Zeitgeist ist manchmal sehr verführerisch. Wir müssen lernen, gut mit ihm umzugehen! Wir lassen zu, dass er wirkt, klar, aber wir prüfen dennoch kritisch, ob wir ihm immer folgen wollen. Es lohnt sich, ab und an auch mal gegen den Strom zu schwimmen! Der Geist von Pfingsten ermutigt dazu!

32 Gruppenbild mit Dame
– Pfingstmontag

Bibelstelle: Apostelgeschichte 1,1–14
Symbol: 13 Personen (Kinder, Jugendliche, junge und ältere Erwachsene, Männer wie Frauen gleichmäßig aufgeteilt), ein Fladenbrot, 13 Kerzen

Handlung

Der Sprecher bittet noch vor der Ansprache zwölf Personen *(siehe oben)* aus der Gottesdienstgemeinde in den Altarraum zu kommen – für ein Gruppenfoto. Er bittet alle, sich im Halbkreis aufzustellen. Dann sucht er eine junge Frau aus, die sich dazustellen soll, ziemlich genau in die Mitte.

Predigtimpuls

Ich muss schon etwas schmunzeln, es sieht gerade so aus, als hätte sich die Bundeskanzlerin zur Schar der übrigen europäischen Regierungschefs gestellt. Ein Gruppenbild mit Dame. Danke, dass Sie für dieses Gedanken-Foto bereit waren – bleiben Sie bitte noch einen Augenblick. In der zigfachen Vergrößerung haben Sie das nachgestellt, was uns zahlreiche Ikonenschreiber über Jahrhunderte schon überliefern: Nämlich die Szene, in der Maria mitten unter den Jüngern ist, wie uns die Bibel das an Pfingsten überliefert. Es ist sozusagen ja auch ein Bild für die Kirche insgesamt.

Da sind die zwölf Apostel, die sich treffen, miteinander von Jesus erzählen und am Brotbrechen und dem gemeinsamen Gebet festhalten. Zusammen mit Maria, der Mutter Jesu. In diesem Gruppenbild mit Dame werden drei spürbare Momente sichtbar und ein unsichtbarer Moment spürbar. Was meine ich?

Spürbar ist zum einen, dass hier eine Gemeinschaft zusammenkommt, die etwas erlebt hat. Hinter ihnen liegen die Tage, die wir als Kartage bezeichen. Hinter ihnen liegt aber auch das kaum fassbare Ereignis, was wir Auferstehung nennen. Eine eingeschworene Gemeinschaft trifft sich also, das ist spürbar, die in einer Krise zusammenhält.

Spürbar ist als Zweites, dass diese Gemeinschaft eine spirituelle Gruppe ist. Sie beten. Darf ich Sie alle einmal bitten, auch wenn das für Sie jetzt komisch wirken kann – machen Sie nur das, was für Sie möglich ist –, dass Sie eine Gebetshaltung wählen, sei es, dass Sie die Hände zum Himmel erheben, die Hände ineinanderlegen oder falten, Sie dürfen knien … Dankeschön! Es wird sichtbar, dass dies eine betende Gemeinschaft ist.

Spürbar ist als Drittes, dass diese Gemeinschaft eine teilende Gemeinschaft ist. Sie brechen miteinander das Brot, sie vollziehen also den Gestus, den Jesus beim letzten Abendmahl vollzogen hat. Er bricht das Brot, teilt es aus und sagte dazu: Wann immer ihr zusammenkommt, dann macht das ganz genau so! Ich möchte Ihnen jetzt auch ein solches Fladenbrot geben und Sie bitten, es zu teilen und zu essen.

Ich sagte eben: Drei spürbare Momente werden sichtbar, aber ein unsichtbarer Moment wird spürbar. Das genau meint Pfingsten. Da kam der Heilige Geist über sie in Flammen, in Feuerszungen. Er legte sich auf jeden von ihnen nieder. Ich möchte den Einzelnen nun eine Kerze überreichen, die wir an der Osterkerze entzünden. *(Dieser Moment dauert etwas.)*

Das ist das Bild der Kirche, in deren Mitte Maria ist. Sie trafen sich und pflegten Gemeinschaft. Sie beteten und hielten fest am Brotbrechen. Und sie wurden zu Leuchttürmen für die Menschen!

Was Sie alle hier vorne symbolisiert haben, das war der Startpunkt der frühen Kirche. Ich hätte auch nur 12 Männer auswählen können und eine Frau als Maria. Aber mir war es wichtig, das Gruppenfoto direkt in die Neuzeit zu übertragen! Die Kirche ist bunt! Das ist Kirche. Das ist auch unsere Gemeinde!

Und bis heute machen wir nichts anderes. Wir pflegen die Gemeinschaft, wir beten und teilen das Brot – und wir wissen: Wir sind Leuchttürme Gottes mitten in dieser Welt!

(Der Sprecher bedankt sich bei den 13 Personen und bittet sie, auf ihren Platz zurückzukehren.)

33 Drei = Eins = kompliziert!
– Dreifaltigkeitssonntag

Bibelstellen: Matthäus 28,16–28 und Johannes 1,18 und 6,46
Symbol: Taschenrechner, Flipchart, Edding, Papier

Handlung

Im Altarraum steht ein Flipchart. Der Sprecher schreibt vor der Predigt mit großer Schrift Folgendes auf das Papier:

1 + 1 + 1 = 1
also: 3 = 1

Predigtimpuls

Wenn wir jetzt in einer Schulklasse wären und ich als Ihr Mathematiklehrer vor Ihnen stünde, würde ich Ihnen das genauso an die Tafel schreiben und sagen: Lösen Sie bitte dieses Problem nach der uns mittlerweile bekannten Vorgehensweise! 1 plus 1 pus 1 plus 1 gleich 3. Also: 3 gleich 1.

Vermutlich würde ich noch ergänzen: Bilden Sie bitte Dreiergruppen und lassen Sie nachher einen von Ihnen jeweils den Lösungsansatz präsentieren.

Aber wir sind hier im Gottesdienst, nicht in der Schule. Und ich bin kein Mathematiklehrer. Dennoch stehen wir am heutigen Sonntag vor einer geradezu unlösbaren Rechenaufgabe, die es seit dem 4. Jahrhundert so gibt. Eigentlich ist ja klar: 1 +1 +1 = 3. Das ist bis heute so in der Schul-Mathematik. Aber in der spirituellen Mathematik kommt eben nicht drei raus, sondern eins. Eins ist demnach gleichbedeutend mit drei.

Wir feiern das Dreifaltigkeitsfest. Die Gebete klingen entsprechend kompliziert, alle sind mit vielen philosophischen Begriffen ausgestattet. Manche sagen deshalb: Das Geheimnis Gottes ist seine Dreieinigkeit. Aber es reizt mich schon ... – kann man das Geheimnis nicht lüften?

Immer wieder gibt es Versuche, dieses Rätsel 3 = 1 zu lösen. Zum Beispiel mit drei Streichhölzern, die man entzündet und dann so zusammenhält, dass sie nicht mehr drei Flammen, sondern nur EINE ergeben. Eine Möglichkeit. Ich könnte es sogar an diesem Flipchart deutlich machen:

Sichtbar von Gott ist das weiße Papier, d. h. er ist »da«, aber wir können nicht sagen, wie er ist. Die Schrift mit der Zahl 3 auf dem Papier steht für Jesus: Gott hat sozusagen sichtbare Gestalt angenommen. Der Schreiber, der nicht mehr zu sehen ist, der aber bewirkt hat, dass es dasteht, das ist der Hl. Geist. Aber auch das ist nur ein Versuch!

Richtig zufrieden macht mich das nicht. Es wird uns auch nie zufrieden machen, weil Gott tatsächlich ein Geheimnis ist. »Niemand hat Gott je gesehen!«, so lesen wir im Neuen Testament (Johannes 1,18). Es wäre viel leichter, wäre Jesus einfach nur ein Prophet gewesen oder würden wir ihn nur als »Kind Gottes«, als Sohn Gottes in besonderer Weise nennen. Wir können deshalb auch noch so sehr auf dem Taschenrechner rumrechnen – Gott lässt sich auch dann nicht erfassen, wenn es die Dreifaltigkeit nicht gäbe! Gott ist einfach nicht berechenbar – im doppelten Sinne des Wortes: Man kann ihn nicht wie eine Formel berechnen, aber er ist auch nicht berechenbar im Sinne von: durchschaubar, planbar. Gott ist eben keine Milchmädchenrechnung, die man auf einen Bierdeckel schreibt wie die Lohnsteuerjahresabrechnung. Und selbst das ist schon schwer …

Aber was will dieses Fest denn überhaupt zum Ausdruck bringen?

Vielleicht liegt der Fehler schon in der Art, wie wir von Gott sprechen, wenn wir alle göttlichen Personen aufzählen: Wir sagen »Im Namen des Vaters UND des Sohnes UND des Heiligen Geistes« oder beim »Ehre sei dem Vater« sagen wir auch » … UND dem Sohne UND dem Heiligen Geist!« Das klingt eben nach Aufzählung. Eine kleine Lösung gibt es, wenn wir es so sagen: »Ehre sei dem Vater durch den Sohn im Heiligen Geist.« Da spüren wir, dass es keine Aufzählung ist, sondern dass Jesus wie ein offenes Fenster ist, durch das wir Gott sehen können. Im Johannesevangelium heißt es ja genau deshalb: »Niemand hat den Vater gesehen außer dem, der von Gott ist; nur er hat den Vater gesehen.« (Johannes, 6,46)

Und wir erahnen, dass der Heilige Geist wie ein kühler Wind im Sommer ist, der durch das Fenster hindurchweht.

Nein, 3=1 lässt sich nicht erklären und 1+1+1=1 auch nicht. Es ist ein Gedankenkonstrukt der Theologie. Wie Gott wirklich ist, bleibt uns – auch mathematisch – verborgen. Aber wie das so bei Forschern üblich ist: Man gibt sich nicht damit zufrieden, dass etwas so ist, wie es ist, sondern: Man sucht weiter, man fragt weiter. Das ist lebendiges Christsein!

34 »And the winner is …«
– Christi Himmelfahrt

Bibelstelle: Apostelgeschichte 1,1–14
Symbol: Holzhocker und Schild mit der Zahl 1 (Siegerpodest)

Handlung

Wenn Kinder im Gottesdienst sind, kann der Sprecher ein paar Kinder mal bitten, sich vorn auf das Siegerpodest im Altarraum zu stellen. Ansonsten ist es einfach ein Symbol, das immer wieder im Blick ist.

Predigtimpuls

Wir kennen diesen Satz von der Oscarverleihung: »And the winner is …« – Der Gewinner ist … Und dann bricht Jubel aus. Dann stehen Leute ganz vorn im Rampenlicht oder auf der Siegertreppe. Es gibt aber viele Menschen, die dann »abheben«. Sportler, Künstler, Sänger, Politiker, Priester ebenso wie Bischöfe, Schauspieler … Manche stehen auch aufgrund einer Leistung erhöht auf dem Siegerpodest.

Hochmut kommt vor dem Fall, so lautet ein bekanntes Sprichwort. Wer abgehoben ist, der verliert den Bezug zur Wirklichkeit. Wer zu hoch fliegt, der fällt manchmal tief und landet unsanft auf dem Boden. Dabei haben wir gerade eben im Gebet gehört: »In der Himmelfahrt deines Sohnes hast du den Menschen erhöht!« – Was ist damit denn gemeint? Also doch nicht »And the winner is …«?

Jeder Mensch sehnt sich danach, angenommen und geliebt zu sein. Und zwar nicht, weil er diese oder jene Leistung bringt, weil er besonders hübsch oder attraktiv ist, besonders viel Geld auf dem Konto hat oder mehrere Titel. Natürlich, solche Menschen gibt es auch. Die machen die Anerkennung von äußeren Faktoren abhängig. Aber in der Tiefe unseres Herzens, da sehnen wir uns danach, so wie wir sind – einfach geliebt zu sein! Die Grundform dieser Liebe wurde uns, wenn alles gut ging, von unseren Eltern entgegengebracht. Dann von Freunden, schließlich vom Freund oder der Freundin, vom Lebensgefährten oder der Ehepartnerin. Kurz: Von Menschen, die uns ganz kennen, mit unseren Schattenseiten, mit den Ecken und Kanten. Und die uns dennoch lieben! Oder: Gerade deshalb!

Niemandem von uns unterstelle ich, dass er gerne auf ein Podest gestellt oder in den siebten Himmel gehoben werden möchte. Aber tatsächlich gibt es Augenblicke im Leben, in denen wir eine besondere Bestätigung brauchen: etwas, das uns innerlich aufrichtet.

Lassen Sie es mich an einem Filmbeispiel deutlich machen. Vielleicht haben manche von den Erwachsenen mit ihren Kindern zusammen den Zeichentrickfilm »*Der König der Löwen*« gesehen. Ganz am Anfang des Filmes strömen die Tiere von überall zusammen, um den Nachkommen des Königs der Tiere, den Sohn des Löwen, zu begrüßen. Auf einem Felsvorsprung hält ein weiser, alter Affe den kleinen Simba hoch in die Luft. Der wiederum schaut ganz verdutzt, was da vor sich geht. Die Wolken öffnen sich, der blaue Himmel wird sichtbar und die Sonnenstrahlen treffen den kleinen Löwen wie ein Scheinwerfer. Diese Erhebung gibt dem kleinen Löwen eine besondere Würde und eine Aufgabe. Die Würde ist jene, auserwählt zu sein, geliebt, gewollt und gebraucht zu werden. Die Aufgabe ist jene, für das Volk der Tiere als König da zu sein. Gleichzeitig wird die Zukunft gesichert.

Es ist eine sehr berührende Szene. Wenn wir also heute an Christi Himmelfahrt feiern, dass Jesus ganz bei Gott ist, sozusagen »zur Rechten Gottes, des Vaters«, wie es im Glaubensbekenntnis heißt, dann geht es nicht um eine Sitzplatzvergabe wie bei einer Open-Air-Veranstaltung. Es geht nicht darum, wer in der ersten Reihe sitzt und begrüßt wird.

Sondern es geht darum zu erkennen, dass der Mensch an sich bedingungslos geliebt ist. Jesus stand bei Gott von Anfang auf dem Siegerpodest mit der Eins vorne drauf. Logisch weitergedacht heißt das dann für uns heute: Jeder und jede von uns steht bei Gott auf diesem Platz! – »And the winner is …« DU!!!

35 Jesus als Zielscheibe Gottes
– Fronleichnam

Bibelstelle: Johannes 6,53–69
Symbol: Dartscheibe und große (nicht geweihte) Hostie, Monstranz

Handlung

Die Predigt ist auch an Kinder gerichtet, die da sind. Sollte das nicht der Fall sein, fällt das Zeigen von Hostie und Monstranz weg.

Predigtimpuls

Im Internet kursierte eine Zeitlang ein Video, darin ist ein Ordensmann zu sehen, der sich mit einer Hostie – so etwas *(zeigt die nicht geweihte Hostie)* in einer Monstranz – das ist das hier *(zeigt die Monstranz)* – mitten auf den Markt oder die Fußgängerzone stellte. Er hielt die Monstranz ganz lange mit beiden Armen nach oben, über seinen Kopf. Das ist auf Dauer anstrengend. Es fordert Kraft. Die ersten Passanten bleiben stehen. Sie schauen, staunen, schütteln den Kopf. Dann gibt es welche, die sich niederknien! Eine ältere Dame macht mithilfe ihrer Tochter eine Kniebeuge … andere gehen Kaugummi kauend vorbei … Das Video dauert gut 20 min. Die Menschen kommen und gehen, der Ordensmann steht da, kaum Veränderung. Dann packt er alles zusammen und geht weiter. Vielleicht zu einem anderen Platz.

Für viele Menschen hat er sich lächerlich gemacht, sich ihrem Spott ausgesetzt. Manch einer wird ihn als Zielscheibe übler Bemerkungen benutzen. Andere hat es wohl mitten in die Seele getroffen. Sie bleiben stehen. Knien nieder. Beten.

Das heutige Fest Fronleichnam hat viel mit dieser Dartscheibe zu tun. Gott macht sich mitten in dieser Welt zu einer Zielscheibe. Er wird sichtbar und angreifbar. Klar, es ist nur ein Stück Brot – äußerlich betrachtet –, das wir in einer Prozession durch die Gegend tragen. Wie eine fromme Demo! Unser Transparent ist Jesus, der sagt: »Ich bin das Brot der Welt!«

Wenn Gott zur Zielfigur auf der Dartscheibe dieser Welt wird, dann müssen wir damit rechnen, dass Leute sich lustig machen. Wir müssen damit umgehen, dass nicht alle verstehen, was wir da tun. Manch einer wird neugierig vom Balkon oder vom Küchenfenster hinunterschauen. Er wird den Kopf schütteln. Oder er wird sich berühren lassen von den Liedern, die wir singen, von dem Segen.

Im Jahr 2019 ist durch ein junges Mädchen eine große ökologische Bewegung entstanden. Die schwedische Schülerin Greta Thunberg blieb einfach mal vom Unterricht weg. Sie demonstrierte für eine andere Umweltpolitik. Zigtausende weltweit machten es ihr gleich. Woche für Woche. Viele haben darüber gemeckert, ob man denn für so was den Unterricht ausfallen lassen kann. Andere haben gesagt: Naja, die Piloten und Mitarbeiter der Bundesbahn streiken ja auch nicht im Urlaub. – Nun, wir Katholiken haben sogar einen Feiertag, um zu streiken! Aber kein Streik, keine Demo, die gegen etwas ist, sondern wir weisen auf jemanden hin. So wie diese Schülerin auf unseren Planeten hinwies, auf dem sie gerne gesund und lange leben möchte.

Sie wurde auch zur Zielscheibe von vielen, die das nicht verstanden haben. Aber das ließ sie nicht beirren.

Fronleichnam erinnert uns daran, dass wir selbst eine Art Monstranz sind, eine Zielscheibe. In manchen Ländern werden Christen tatsächlich wegen ihres Glaubens verfolgt. Sie werden im wahrsten Sinne des Wortes zur Zielscheibe. Gott sei Dank können wir in Europa in Freiheit unseren Glauben leben. Gott sei Dank kann auch jede und jeder selbst bestimmen, wie nah oder weit weg er diesem Gott gegenüber ist. So wie die Ringe auf der Dartscheibe es auch sind. Gott lässt uns diese Freiheit!

Es ist wie im Evangelium, als die Jünger erleben, dass manche Leute nicht mit Jesus mitgehen können oder möchten. Auch seine engsten Vertrauten stellen manches von dem in, was er sagt, infrage. Jesus aber lässt ihnen und uns die Freiheit, wenn er sagt: »Wollt auch ihr weggehen?« (Johannes 6,67). Auf diese Frage muss jede und jeder von uns seine eigene Antwort finden. Vielleicht ist das ja eine Frage, der man auf dem Weg nachgehen kann.

36 Der Heilige Stuhl war kein Ohrensessel
– Hl. Petrus und Hl. Paulus, 29. Juni

Bibelstellen: Apostelgeschichte 3,1–10 / Galater 1,11–20 / Matthäus 16,13–19
Symbol: bequemer Ohrensessel

Es sind schon zwei eigensinnige Typen. Der eine war ein einfacher Fischer. Keine theologische Ausbildung, kein Abitur. Vom Wesen her etwas wankelmütig, glaubt nur, was er sieht. Leicht manipulierbar. Aber er hat's immerhin zum Bischof gebracht. Sogar zu einem besonderen Bischof: Er war sozusagen der erste Bischof von Rom, ja sogar Papst. Sein Name: Petrus.

Der zweite »eigensinnige Typ«: ein Gelehrter, ein Besserwisser, ein fanatischer Kämpfer, hin- und hergerissen. Nicht kleinzukriegen. Sein Name: Paulus von Tarsus.

Beide haben heute Namenstag. Petrus und Paulus. Beide sind sie Apostel, stehen für den Anfang der christlichen Kirche. Beide mussten für ihren Glauben an Jesus mit dem Leben bezahlen. Und schon zu Lebzeiten konnten sie auch heftig miteinander streiten – um die Sache Jesu. Manchmal aber auch, weil sie einfach nur Dickköpfe waren. Jeder wollte recht haben. Der eine, weil er Jesus persönlich kennengelernt und von ihm einen Auftrag erhalten hatte. Der andere, weil er in einer Vision vor Damaskus sein Leben neu ausrichtete.

Beide haben christliche Gemeinden gegründet, sind umhergezogen, haben von ihren Erfahrungen mit Jesus erzählt. Ihre verschiedenen Begabungen haben sie dabei zum Einsatz gebracht.

Heute dienen die beiden als Symbolfiguren für eine gesunde, theologische Streitkultur in den großen Kirchen. Sicherlich aber auch für eine notwendige Streitkultur über die Kirchen hinaus. Beide wurden auf Sockel gestellt, haben Bedeutung erlangt. Der eine mit dem Schlüssel für das Himmelreich in der Hand, der andere mit der Bibel auf dem Arm. Und sie schauen sich an. Sie schauen sich an und mögen sich fragen: Was ist aus unserem gemeinsamen Projekt geworden? Zwei Firmengründer – doch die Firma hat sich gespalten. Wie bei einem großen Discounter in Nord und Süd.

Vielleicht haben es sich beide aber auch einfach zu bequem gemacht. Der eine in seinem »Heiligen Stuhl« und der andere in seinem »Lehrstuhl«. Dabei sind das beide keine bequemen Sessel. Beides hat mit Verantwortung zu tun. Wer will denn wirklich ernsthaft in Zeiten wie diesen eine Kirche leiten? Wenn einer nicht gerade machthungrig nach dem Papstthron ist, wie das in der Kirchengeschichte immer wieder vorkam, dann muss jeder vernünftige Mensch dankend abwinken! Und wer will sich ernsthaft der Aufgabe stellen, die kirchliche Lehre in modernem Sprachgewand neu zu verkünden?

Petrus und Paulus. Beide waren nicht zu beneiden und wer in ihre Fußstapfen tritt, ist es auch nicht. Trotzdem erinnern wir uns an sie und wissen auch, dass wir ihnen viel zu verdanken haben. Beide haben die kleine Jesus-Bewegung zur Kirche werden lassen. Beide haben den jüdischen Denkhorizont ausgeweitet und weltweit gesellschaftsfähig gemacht.

Doch beide würden heute sehr nachdenklich sein, wenn sie sähen, was daraus geworden ist. Wo würden sie ansetzen? Was würden sie anders machen? Vermutlich würden sie erstmal den »Heiligen Stuhl« und das »Lehrpult« wegräumen und gemeinsam durch die Fußgängerzonen unserer Städte gehen und das machen, was man damals auch machte: hinhören, was die Leute sagen, und hinschauen, wie die Menschen heute leben. Denn die Botschaft Jesu muss immer übersetzt werden in das Heute der Menschen!

Daher ist auch für uns klar: Christsein kann niemals bedeuten, im bequemen Sessel der Tradition Platz zu nehmen. Christsein ist immer mit Aufbruch verbunden, ist immer Unterwegssein!

37 Du bist ausgezeichnet!
– Verklärung des Herrn (6. August)

Bibelstellen: Markus 9,2–8 / Matthäus 17,1–9 / Lukas 9,28–36 / Markus 1,9–11
Symbol: Orden zum Umhängen

Handlung

Der Sprecher nimmt den Orden *(sollte kein Faschingsorden sein!)* und geht an einer bestimmten Stelle der Ansprache zu jemandem, z. B. zu einem Ministranten oder zum Organisten oder zum Messner – und hängt den Orden um oder steckt ihn an. Bitte vorher klären!

Predigtimpuls

Es gibt nichts Schöneres, als wenn jemand zu uns sagt: *Ich hab' dich lieb!* oder: *Das hast du gut gemacht!* oder: *Ich bin stolz auf dich!* Ob zuhause, im Sportverein oder in der Schule – es tut einfach gut, wenn uns jemand auf die Schultern klopft und wir spüren können, dass wir gemocht sind. Und manchmal sollten wir uns auch selbst auf die Schultern klopfen und nicht immer rummeckern, was wir noch hätten alles besser machen können!

Wenn der Bundespräsident jemandem auf die Schultern klopft, dann macht er es in Form einer öffentlichen Rede und verleiht demjenigen einen Orden. Das Bundesverdienstkreuz zum Beispiel ist eine solche Auszeichnung. Dieses höchste Lob wird für besondere Leistungen auf politischem, wirtschaftlichem, kulturellem, geistigem oder ehrenamtlichem Gebiet verliehen. Neun verschiedene Stufen gibt es.

An diesem Fest wird Jesus auch in gewisser Weise ein Orden verliehen. So wie dieser hier.

(Der Sprecher geht jetzt zu der entsprechenden Person, der er den Orden verleihen möchte.)

Wenn man jemandem einen Orden überreicht, dann bedankt man sich bei der Person, man ehrt die Person: Danke, dass du so treu und vorbildlich deinen Dienst ausübst! Und in der Regel wird diese Ehrung durch Applaus der anwesenden Festgäste bestätigt.

(Er überreicht den Orden.)

Im Grunde erhält Jesus heute im Evangelium auch einen Orden. Es ist ja eine ganz ähnliche Szene wie schon bei seiner Taufe am Jordan! Der Himmel öffnet sich und die Stimme Gottes spricht: Du bist mein geliebter Sohn, an dir habe ich Gefallen gefunden! Die Bibel erzählt uns zudem, dass dies auf einem Berg stattfindet – also ist es ein Höhepunkt. Und: dass die Sonne scheint – wie ein großer Scheinwerfer. Das Licht blendet fast schon.

Eine unglaubliche Szene! Wie schon bei der Taufe im Jordan wird Jesus von Gott noch einmal in besonderer Weise gestärkt und ausgezeichnet. Du bist ausgezeichnet! In Österreich gibt es Studienabschlüsse, die damit kommentiert werden, dass man sagt: Jemand hat mit Auszeichnung bestanden.

Im Grunde genommen gilt das, was hier am Jordan oder auf dem Taborberg geschieht, für jede und jeden Einzelnen von uns! Gott sagt zu jedem: Du bist ausgezeichnet! Du bist für mich jemand Besonderes! Ich mag dich! Ich liebe dich!

Für mich ist das sehr tröstlich, denn es gibt immer noch viel zu viele Menschen, die eine solche Wertschätzung nie erleben, nie hören, nie gehört haben. Da ist es gut, dass wir von Gott wissen, dass wir für ihn nicht das zufällige Produkt der Evolution sind, sondern einzigartig, so wie unser Fingerabdruck! Dass wir gewollt, gebraucht und vor allem geliebt sind. Die Verklärung Jesu ist eine Erleuchtung, die nur Jesus zuteil wird. Er erlebt sie in besonderer Weise. Aber mit jedem Feuerschein der Taufkerze bei unserer Taufe wird uns genau das Gleiche zugesagt: Du bist Gottes geliebtes Kind!

Zeit im Jahreskreis

38 Wenn's einem den Magen rumdreht
– Ein barmherziger Samariter

Bibelstelle: Lukas 10,25–35
Symbol: Packung »Magentabletten« (Pastillen oder Lutschbonbons)

Handlung

Zu Beginn der Ansprache kann der Sprecher mit seiner Packung »Magentabletten« durch die Kirche gehen und hier und da eine Pastille verschenken.

Predigtimpuls

Auch schon mal Magenverstimmungen? Was schlägt Ihnen so auf den Magen? Ihnen liegt auch sicherlich manches in der Magengegend, oder? Diese Tablette hilft, wenn sich uns der Magen umdreht!

Sie fragen sich, was das mit dem Bibeltext vom barmherzigen Samariter zu tun hat? Aber das liegt ja doch auf der Hand, oder? Da wird einer zusammengeschlagen, die lassen ihn liegen, halbtot. Da dreht sich einem schon der Magen um. Vor Wut. Dann kommen diese Deppen vorbei, die sich die Hände nicht schmutzig machen wollen: der überfromme Tempelpriester und der noch frommere Schriftgelehrte … Gehen einfach weiter. Lassen ihn links liegen. Das muss einem doch bitter aufstoßen! Mir dreht sich da der Magen rum.

»Und dann muss erst so ein Ausländer daherkommen?« Toll! Soweit sind wir also schon! – Ja, es war für damalige Verhältnisse ein verhasster Ausländer. Einer aus Samarien. Einer, dessen Land man meidet, wenn es irgendwie geht; und einer, mit dem man auf keinen Fall Kontakt haben möchte … Ausgerechnet »so einer«, der kümmert sich um den Schwerverletzten …

Aber wieso gerade er? Weil – so steht es im Text – er Mitleid hatte! Aber ehrlich gesagt: Das steht dort gar nicht! Die Reaktion, die der halbtot am Boden liegende Mensch bei ihm auslöste, war nichts anderes als dass sich sein Magen rumdrehte. Im Griechischen steht da nix von »Mitleid« – sondern da steht vielmehr: »splanchnizomai« – es drehte sich ihm der Magen um!

Da nützen dann auch keine Tabletten mehr. Wenn sich jemandem der Magen umdreht heißt das, es ist ihm schlecht, er könnte erbrechen, es kommt ihm alles hoch. Das mag jetzt für einen Gottesdienst ziemlich derb sein. Aber die Situation ist so derb wie bei denen, die zusammengeschlagen werden und niemand eingreift. Im Gegenteil: Schaulustige stehen drum herum und amüsieren sich, rufen noch dumme Sprüche zu! Es ist derb, wenn jemand seiner Würde und Rechte, seiner Freiheit, ja sogar seines Lebens beraubt wird! Da dürfen auch wir nicht nur Mitleid haben, sondern da muss sich einem der Magen umdrehen.

Insofern ist dieses Evangelium vom barmherzigen Samariter auch nicht nur eine nette Geschichte. Sie ist nicht nur politisch oder spirituell zu deuten! Sie hat was damit zu tun, wie wir Menschen uns verstehen: als Wölfe oder als Menschen! Nicht umsonst heißt ja ein Sprichwort: Der Mensch ist des Menschen Wolf (»homo homini lupus«). Wir sind immer auch bereit, uns selbst zu vernichten und auszumerzen.

39 Das schlechte Gewissen treibt
– Der verlorene Sohn

Bibelstelle: Lukas 15,11–32
Symbol: zwei Spiegel: ein größerer, ein kleinerer

Handlung

Dieser Predigtimpuls kann auch im Rahmen eines Bußgottesdienstes genutzt werden.

Zu Beginn des Gottesdienstes hängt ein größerer Spiegel *(Garderobenspiegel)* im Eingangsbereich der Kirche, sodass die Besucher an ihm vorbeigehen müssen. Während der Predigt geht der Sprecher irgendwann mit einem (kleineren) Spiegel durch die Kirche und hält ihn hier und da den Menschen hin.

Predigtimpuls

Haben Sie ihn beim Reinkommen wahrgenommen? Den Spiegel meine ich. Ich schätze, dass manche von Ihnen an ihm vorbeigegangen sind. Andere werden ihn bemerkt haben – aber wer schaut schon in einen Spiegel, wenn uns andere dabei beobachten? Wenn wir allein sind, dann befragen wir das »Spieglein, Spieglein an der Wand« schon mal …, legen die Haare zurecht, cremen uns ein, zupfen die Augenbrauen oder rasieren uns mit größter Sorgfalt. Aber wenn wir aufgefordert werden, bewusst und vielleicht sogar mal länger in den Spiegel hineinzuschauen, dann haben viele Menschen Hemmungen.

Und es ist auch nicht leicht. Die biblische Geschichte von dem jungen Mann, der am Boden zerstört im Schweinestall nicht einmal das Schweinefutter essen darf, ist die Geschichte einer Spiegel-Erfahrung. Der Spiegel ist der Einblick in die Tiefe seiner Seele. Dort kommt ihm dann die Erkenntnis über das, was geschehen ist. Dort kommen ihm dann die vielen Fragen: Warum bin ich fort von daheim? Warum habe ich mein ganzes Geld zum Fenster rausgeworfen? Warum glaubte ich, dass man sich Freunde kaufen kann? Warum habe ich jetzt Angst, heimzugehen? Ihn quält das schlechte Gewissen

Aber unser schlechtes Gewissen treibt uns auch an. So wie wir im Spiegel unsere Alters- und Sorgenfalten erkennen, die grauen Haare, die

Übernächtigung – so lügen auch unsere Augen nicht. Sie blicken uns an und fragen uns: Willst du so weitermachen? Ist das dein Weg, den du gehst?

Der jüngste Sohn im Evangelium lässt diesen Blick zu. Ein Blick, der ihn tief in seine Seele trifft. Und dieser Blick in die Seele offenbart ihm eine neue Antriebskraft. Die Kraft zur Veränderung. Der Spiegel ist das Fenster zur Seele, das Fenster zu unserem Gewissen. Und wenn wir dieses Fenster öffnen – in unserem Scheitern, in dem Eingestehen der Wahrheit –, dann wird uns das verändern! Dann brechen wir auf wie dieser junge Mann.

Natürlich kommen da auch Ängste hoch: Wie wird das? Werde ich aufgenommen? Habe ich noch eine Chance? Als Menschen erleben wir oft, dass andere nicht verzeihen können, uns keinen Neuanfang anbieten. Aber bei Gott gilt das Wort: Komm heim! Er steht da wie dieser Vater, der von Weiten schon sieht, dass sein Sohn kommt – weil er ihn erwartet hat! Und weil er uns erwartet, darf unser Schritt schneller werden, dürfen wir ins Laufen kommen. »Dann läuft es wieder!« – wie wir das so sagen: Es läuft gut!

Spieglein, Spieglein an der Wand?
Wo ist mein Weg in diesem Land?
Lass mich die Wege geh'n, die mir das Leben schenkt,
weil einer, der's gut meint, auch mein Leben lenkt!

40 Zu kurz gekommen …

– Der verärgerte Bruder

Bibelstelle: Lukas 15,11–32
Symbole: zwei Seile (ca. 15 und 10 cm), eines davon kürzer

Handlung

Sprecher geht während der Ansprache zu jemandem, hält ihm in der Hand die Enden zweier Seile hin (ohne, dass der andere die gesamte Länge der Seile einsehen kann). Er bittet ihn, eines der beiden Seile aus seiner Hand zu ziehen. Ein Seil ist kürzer als das andere. Wer auch immer das kürzere zieht, das ist egal.

Predigtimpuls

Es gibt so einige Phänomene in unserem Leben, die hochspannend sind. Geht's Ihnen auch so, dass die Bettdecke meistens zu kurz ist? Oder dass Sie im Supermarkt immer an der falschen Kasse stehen, weil es neben Ihnen schneller weitergeht? Oder dass Sie als Kind immer den Eindruck hatten, andere bekommen etwas mehr oder Besseres als Sie? Oder jemand schnappt sich vor Ihnen in der Schlange das letzte Vollkornbrötchen weg …

Viele von uns haben die Erfahrung gemacht: Sie kommen im Leben zu kurz!

(Sprecher geht zu jemandem, hält ihm in der Hand die Enden zweier Seile hin. Er bittet ihn, eines der beiden Seile aus seiner Hand zu ziehen. Ein Seil ist kürzer als das andere. Wer auch immer das kürzere zieht, das ist egal.)

Das war jetzt kein Zaubertrick, aber Sie sehen: Sie haben / ich habe den Kürzeren gezogen. So geht es uns doch oft! Und meistens bei wirklich wichtigen Dingen, nicht bei so Sachen wie einem Brötchen, beim Schlangestehen an der falschen Kasse oder der immer zu kurzen Bettdecke.

Das Gefühl des »Zukurzkommens« ist eine Mischung aus Traurigkeit, Enttäuschung, Ohnmacht, auch etwas Ärger und Frust. Genau so geht es dem älteren Bruder im Evangelium. Über Jahre schafft er am väterlichen Hof die Arbeit, fordert nie etwas für sich ein, und jetzt muss er miterleben, wie sein jüngerer Bruder hofiert wird. Der darf das ganze Geld zum Fenster rauswerfen und bekommt noch eine Party organisiert! Zukurzkommen ist auch das Wahrnehmen von gefühlter Ungerechtigkeit und einem Gekränktsein.

Du ziehst das Seil und ziehst den Kürzeren. Jetzt hast du nur wenige Möglichkeiten, damit umzugehen: Variante 1: Du schlägst Alarm und entfachst aus deiner Enttäuschung heraus einen riesigen Streit. Machst allen deutlich, dass du ja immer zu kurz kommst, und suchst die Schuld durch Vorwürfe bei den anderen. Variante 2: Du arbeitest noch mehr und versuchst über deine Leistung und das »noch mehr« die Anerkennung zu erhalten, die dir fehlt. Du bettelst quasi um Liebe. Variante 3: Du ziehst dich in dein Schneckenhaus zurück und weinst still vor dich hin.

Ehrlich gesagt: Keine dieser Varianten scheint mir eine wirkliche Lösung zu sein – vor allem: keine Erlösung aus dem seelischen Dilemma, in dem einer steckt, der so fühlt.

Vielleicht gibt es aber noch eine vierte Variante. Diese Variante heißt: Ich nehme das kürzere Seil und akzeptiere es als meine Wirklichkeit. Ich nehme mein Leben in die Hand und gestalte es mit dem, was sich mir an Perspektiven eröffnen. Ich suche nach Lösungen außerhalb des Koordinatensystems, das bisher der Rahmen für mein Leben war. Das ist weder Resignation noch ein billiger Trost, weil es eben nicht anders geht, sondern es ist das Annehmen der Wirklichkeit, wie sie eben ist. Aber zugleich bietet es die Chance zu reifen! Das zu mobilisieren, was an Kräften vorhanden ist. Dass es diese Kräfte gibt, wissen wir, seit wir Kleinkinder sind. Wir haben gelernt, wenn wir hinfallen, wieder aufzustehen.

Was der jüngere Bruder im Schweinestall durchmacht, nämlich: selbst wieder auf die Beine zu kommen und zu dem zu stehen, was er verbockt hat, das muss der ältere Bruder ebenso! Er darf und kann sein Leben in die Hand nehmen und darauf vertrauen, dass das Leben, dass Gott es mit ihm ebenso gut meint.

Wer den Kürzeren zieht, der hat nicht verloren. Sondern nur eine andere Perspektive der Wirklichkeit!

41 Ein großes Herz
– Der barmherzige Vater

Bibelstellen: Lukas 15,11–32 / Psalm 27,10
Symbol: großes Herz aus Pappe, Schokoherzen für die Gottesdienstteilnehmer

Handlung

Im Altarraum hängt das große Herz aus Pappe. In einem Korb sind viele Schokoherzen für die Gottesdienstteilnehmer. Gegen Ende der Ansprache werden diese an alle verteilt.

Predigtimpuls

Eltern machen sich immer Sorgen um ihre Kinder. Wenn sie zum ersten Mal den Weg zur Grundschule alleine gehen … wenn sie nicht zu einer vereinbarten Uhrzeit nach Hause kommen … wenn sie einen Freund oder eine Freundin haben und über beide Ohren verliebt sind … wenn sie zum Studieren das Haus verlassen … wenn sie Drogen nehmen, im Beruf oder in der Ehe scheitern …

Der Vater im Evangelium macht sich auch Gedanken und Sorgen. Ich stelle mir vor, wie er jeden Tag vom Hoftor aus in die Ferne blickt, ob nicht vielleicht doch am Horizont der Sohn auf dem Rückweg ist. Ich stelle mir vor, wie er jeden Abend am Esstisch sitzt und schweigend sein Brot isst, die Sorgenfalten auf der Stirn. Wie mag es dem Sohn wohl gehen? Was macht er? – Es gab damals noch keine Handys. Aber auch heute leiden Eltern darunter, wenn Kinder sich nicht melden – ob per Anruf, WhatsApp oder was auch immer.

Und: Damals wie heute haben Eltern etwas, was sie immer mit ihrem Kind verbindet über Zeit und Orte hinaus. Und wenn ich »Kind« sage, dann spreche ich auch von denen, die schon längst erwachsen sind, denn wir bleiben immer die Kinder unserer Eltern. Das, was die Verbindung ausmacht, das können wir im Symbol dieses großen Herzens zum Ausdruck bringen. Das Herz ist immer ein Symbol der Liebe. Manche Eltern haben ein gebrochenes Herz, weil sie den Kontakt zu ihren Kindern verloren haben. Manche Eltern begegnen ihren Kindern mit großer Herzlichkeit, haben ein Herz für deren Sorgen.

So ist es wohl auch mit dem barmHERZigen Vater im Evangelium. Es ist natürlich nur ein Gleichnis, das dürfen wir nicht aus den Augen verlieren. Aber die Formulierung »natürlich nur ein Gleichnis« darf uns auch nicht davon abhalten, es in seiner Aussageabsicht für wahr zu halten. Jesus stellt uns Gott wie einen Vater vor, der das Elend sieht. Denn Barmherzigkeit heißt im Lateinischen »misericordia« – man hat ein »cor«, also ein Herz für die »Misere«, für das Elend des anderen.

Das Gleichnis zeigt uns eine väterliche und mütterliche Seite Gottes. Gott wartet am Zaun des Grundstücks auf die Rückkehr seines Sohnes. Er macht ihm keine Vorwürfe. Denn wenn einer schon zurückkommt mit dem ganzen Mist, den er gebaut hat … wenn einer sich also, obwohl er so gescheitert ist, trotzdem traut, überhaupt noch heimzukommen – soll dann ein Vater noch zusätzlich mit einer Moralpredigt und Vorwürfen den anderen kleinmachen?

Uns fällt es manchmal schwer, so zu sein wie dieser Vater im Evangelium! Der Künstler Rembrandt hat diese Szene von der Heimkehr wunderbar in ein Gemälde hineingeformt. Der Vater, dargestellt mit einem roten Mantel, voller Liebe für seinen Sohn. Der Sohn, voller Reue, wirft sich vor ihm nieder. Aber Rembrandt lässt aufhorchen bei einem Detail: Die beiden Hände des Vaters, die liebevoll auf dem Rücken des Sohnes aufliegen, der vor dem Vater kniet und möglicherweise weint, diese beiden Hände haben unterschiedliche Gestalt und Proportionen. Die eine ist eine eher weibliche Hand, die andere eine eher männliche.

Man könnte sagen: So stellt sich Rembrandt Gott vor. In Psalm 27 Vers 10 heißt es: »Wenn mich auch Vater und Mutter verlassen, der HERR nimmt mich auf.« Gott ist wie Vater und Mutter. Er hat ein großes Herz, er ist großherzig und barmherzig.

Jede und jeder von uns ist mal in so einer Situation wie dieser Sohn. Und niemand von uns wünscht sich dann eine Moralpredigt noch oben drauf. Sondern: Wir sehnen uns dann nach einem guten Wort. Damit uns das in der kommenden Woche etwas besser gelingt und wir auf andere mit liebenden Augen schauen können, möchte ich Ihnen diese Schokoherzen ans Herz legen. Lassen Sie sich die Barmherzigkeit Gottes auf der Zunge zergehen.

42 Wer hat schon eine weiße Weste?
– Die Steinigung der Ehebrecherin

Bibelstelle: Johannes 8,1–11
Symbol: gelbe Warnweste

Handlung

Während der Ansprache zieht der Sprecher (oder eine andere Person) eine gelbe Warnweste an.

Predigtimpuls

Als Kinder haben wir manchmal mit dem Finger auf andere gezeigt. Kinder machen das ja gerne. Sie sagen dann, alle Schuld von sich weisend: »Die da oder der da! Die hat das und das gemacht!« Aber auch wir Erwachsene machen das – selbst, wenn wir nicht mehr direkt mit dem Finger auf jemanden zeigen. Dabei wissen wir: »Wenn du mit einem Finger auf einen anderen zeigst, zeigen drei Finger auf dich zurück!« Sie können es gerne mal ausprobieren! Drei Finger hinterfragen quasi crstmal uns selbst.

Die Erzählung im Johannesevangelium ist auch so eine »Drei-Finger«-Geschichte. Da wird eine Frau herbeigeschleppt. Sie hat in den Augen der Gesetzeshüter große Schuld auf sich geladen und soll nun sterben. Eine der grausamsten Todesstrafen wartet auf sie. Steinigung. Bis heute gibt es das in einigen arabischen und afrikanischen Ländern. Jemand wird bis zum Kopf eingegraben und dann werfen alle Steine auf ihn, bis er tot ist. Furchtbar. Pervers. Abartig.

Dabei hatte die Frau ja noch einen Komplizen. Aber der kommt straffrei davon, so scheint es. Nach jüdischem Gesetz müsste er auch sterben. Doch die Gesetzeslehrer schleppen nur die Frau zu Jesus. »Die da!«, rufen sie, »die da hat die Ehe gebrochen!«, schreien sie. Und was macht Jesus? Er lässt sie auflaufen. Nicht nur, dass er nicht viel sagt, bringt ihr Konzept durcheinander. Nein, auch das, was er sagt! »Wer von euch ohne Sünde ist, der soll den ersten Stein werfen!« – kurz: Wer von euch eine weiße Weste hat, wer noch nie was falsch gemacht hat, der kann anfangen. Nur zu! Werft ruhig!

Doch kein einziger Stein fliegt durch die Luft. Stattdessen gehen alle weg. Wir haben es eben gehört. Jesus scheint voll ins Schwarze getroffen zu haben. »Keiner von euch«, so ist so seine Vermutung, »hat eine weiße Weste!« Niemand ist fehlerlos. Wir machen alle Fehler. Eine weiße Weste, die könnten wir vielleicht noch als Säuglinge tragen. Aber später …?

Ich bin davon überzeugt, dass wir eigentlich alle mit einer solchen gelben Warnweste rumlaufen müssten. Nicht nur nach einem Unfall auf der Autobahn oder wenn unser Fahrzeug stehen bleibt. Die gelbe Weste weist uns im Straßenverkehr darauf hin, dass hier eine Gefahrenzone ist. Man will gesehen werden mit dem, was »defekt« ist. Man will nicht noch zusätzlich in Gefahr kommen. Das, was geschehen ist, ist schon schlimm genug.

Die Schriftgelehrten, die die Frau herbeischleppen und Jesus fast als oberste Moralinstanz um eine juristische Bestätigung bitten, sie sind hinterhältig und grausam. Denn: Es ist schon peinlich genug, wenn jemand dabei ertappt wird, etwas zu tun, was gesellschaftlich als unmoralisch gilt. Aber denjenigen dann so dermaßen bloßzustellen … das macht man nicht. Wer schon am Boden liegt, den tritt man nicht noch mit Füßen. Es gibt also keine weiße Weste unter uns Menschen.

(Sprecher zieht gelbe Warnweste an.)

Daher sollten wir wirklich auch im übertragenen Sinne diese Warnweste anziehen. Sie macht allen deutlich, dass wir Menschen sind, die auch Fehler machen, die scheitern können, denen auch mal etwas schiefgeht. Die Warnweste zeigt zwar nicht direkt, dass es ja gar nicht mal unsere Schuld sein muss, dass uns dies oder jenes widerfahren ist. Aber sie macht deutlich, dass derjenige, der die Warnweste trägt, Hilfe braucht. Wenn ich mir vorstelle, dass der ADAC bei einem verunfallten Autofahrer kurz anhält und aus dem Fenster ruft: »Selbst Schuld, wenn man zu schnell fährt!« – dann wirkt das einfach nur schräg.

Deshalb macht auch Jesus im Evangelium der Frau keine Vorwürfe. Er bohrt nicht noch quälend in dem Leid und der Blamage, die sie gerade erlebt hat. Im Gegenteil: Mit viel Empathie zeigt er ihr, dass er sie versteht. Er zeigt ihr auch, dass er nicht Richter sein möchte. Und doch bringt er wie ein Pannenhelfer ihr Leben wieder ins Laufen. »Mach anders weiter!«, lautet seine Antwort übersetzt.

Und genau das brauchen wir. Du und ich. Wir brauchen diesen Jesus als Pannenhelfer, der unsere Warnweste sieht und uns hilft. Damit es weitergeht. Und wir kennen die Schaulustigen mit den angeblichen weißen Westen. Aber sie gehen weg. Betroffen, hoffentlich nachdenklich.

43 Der Seenotretter aller Zeiten
– Der Sturm auf dem See

Bibelstellen: Johannes 6,16–21 / Matthäus 14,22–33 / Matthäus 8,23–26 / Lukas 8,22–25
Symbol: aufblasbarer Rettungsring, Rettungsringständer (meist ein länglicher Kreuzständer)

Handlung

Während der Ansprache kann der Sprecher – wenn dies bei der Gottesdienstgemeinde möglich ist – den Rettungsring einmal zu einer Gruppe von (jüngeren) Menschen werfen. Dann kann man ihn vom Kreuzständer nehmen und wieder zurückbringen.

Predigtimpuls

Wer schon mal in Israel am See Genezareth war, der weiß, wie flott dort Stürme aufkommen können. Von jetzt auf gleich wird der sonst so beschaulich vor sich hin plätschernde See zum schäumenden, Wellen schlagenden kleinen Meer. Touristenzentren meiden in der Regel solche Wetterlagen für ihre romantisch angehauchten Bootsfahrten – es ist einfach »zu gefährlich«.

Ich bewundere immer wieder die Seenotretter in der Nordsee oder auf dem Atlantik, die selbst bei hohem Wellengang noch über Wasser bleiben. Sie vollziehen im peitschenden Sturm riskante Rettungsmanöver. Dahingegen müssen die Fischerboote von damals wie Nussschalen auf dem See von Galiläa geschwommen sein. Kein Wunder also, dass die Jünger Jesu Panik bekamen und laut schrien. Das Evangelium erzählt uns nun, dass Jesus über das Wasser kam. In einer ähnlichen Erzählung bei Matthäus und Lukas schläft Jesus sogar im Boot und scheint überhaupt nicht beeindruckt vom hohen Wellengang und der Existenzangst seiner Freunde.

Bevor wir diese Erzählungen wörtlich nehmen und mit vielen naturwissenschaftlichen Fragezeigen den eigentlichen Sinn außer Acht lassen, nehmen wir den Text erst einmal ernst, wie Pinchas Lapide es einmal sagte (»Wir sollten die Bibel nicht wörtlich, aber ernst nehmen!«). Der Sturm im Boot – das liegt auf der Hand – steht für die heftigen Lebensumstände dieser kleinen Gemeinschaft, für all das, was uns auch heute den Wind ins Gesicht und um die Ohren bläst. Es sind die Infragestellungen, die Zweifel in uns, die Widrigkeiten des Lebens, die uns zu schaffen machen. Es ist aber auch unser Scheitern, der Verlust des Bodens unter den Füßen, wenn wir die Arbeit verlieren oder ein geliebter Mensch stirbt. Wir haben den Eindruck, dass alles ins Wanken gerät, dass wir im Meer der unzähligen ungeklärten Fragen ertrinken.

Inmitten dieser Situation setzt Jesus dem Sturm nicht nur ein klares »Stopp!« entgegen und besänftigt die Turbulenzen, sondern er wird zum Gewährsmann für eine Rettungsmaßnahme, die nachhaltig ist. In Vers 20 (Johannes 6,20) lesen wir: »Ich bin es; fürchtet euch nicht!« Jesus outet sich als Seenotretter für dein und mein Leben. Er bietet sich als derjenige an, der den Rettungsring wirft.

(An dieser Stelle wird der Rettungsring zu einer ersten, dann zu einer zweiten, schließlich zu einer dritten Person geworfen.)

Was sind solche Rettungsringe für uns im realen Leben? Zunächst einmal ganz konkrete Menschen, die uns ebenfalls sagen: »Ich stehe zu dir, ich bin da, wenn du mich brauchst.« Doch über das einfache Dasein liebender Menschen ist entscheidend, was sie uns vermitteln. Als Kinder waren es die Eltern, die uns sagten: »Hab keine Angst!« – Angst kann man zwar nicht einfach wegzaubern! Aber jemand, der in meiner Angst da ist und die Angst mit mir teilt, lässt mich spüren, wie wichtig ich ihm bin. Doch es gibt noch etwas, was uns in dieser Situation helfen kann. Das sind die Konzepte, die andere haben, wenn sie in einer Krise sind. Einfach mal ein klares, deutliches Wort sprechen – wie Jesus es gegenüber dem Sturm macht. Klartext reden sozusagen. Wir sind manchmal eingeschüchtert, verstummen angesichts der Probleme, die uns niederdrücken.

In diesen Situationen begegnet uns Jesus heute. In Menschen, die einfach wie ein Seenotretter da sind! In Menschen, die uns ein stärkendes Wort zusprechen, so wie man jemandem einen Rettungsring zuwirft. In Menschen, die einfach mal ein klares Wort sprechen, wenn uns die Worte fehlen, wenn wir sprachlos sind. In Menschen, die uns an der Hand nehmen und mit uns das erledigen, wozu uns vielleicht die Kraft fehlt.

Solche Menschen gibt es um uns herum. In solchen Menschen schaut uns Jesus heute an und sagt uns: »Ich bin es, fürchte dich nicht!«

44 Es ist genug für alle da!
– Die Brotvermehrung

Bibelstelle: Johannes 6,1–14 / Matthäus 14,13–21 / 15,32–39 / Markus 6,30–44 / Lukas 9,10–17
Symbol: Korb mit fünf Fladenbroten (alle sind bereits leicht angeschnitten)

Handlung

Während der Ansprache nimmt der Sprecher jeweils ein Brot und jemand anderes (z. B. ein Kind oder Jugendlicher) hält ein Plakat mit Symbolen hoch: Plakat 1: eine offene Tür, Plakat 2: ein lächelnder Smiley, Plakat 3: Daumen hoch, Plakat 4: ein Kreis mit Menschen, die sich an der Hand anfassen, Plakat 5: zwei einander greifende Hände.

Predigtimpuls

Fünf Gerstenbrote und zwei Fische sind es nur. Dafür aber ein paar Tausend Menschen. Alle sind hungrig, und: Alle werden satt. So erzählt es uns die Bibel. Matthäus gleich zweimal. Die anderen Evangelisten ganz ähnlich. Wir könnten jetzt endlos darüber diskutieren, ob das überhaupt gehen kann. War es nur ein billiger Trick? Die Bibel nennt es »Wunder«. Damit will sie sagen: Hier geschieht etwas, was unseren Denkhorizont sprengt. Hier verändert Gott auf nicht vorhersehbare und nicht direkt verstehbare Weise das Weltgeschehen. Grenzen werden durchbrochen, Naturgesetze aufgehoben. In den 70er-Jahren des vergangenen Jahrhunderts hat man solche Brotvermehrungen im Neuen Testament mit dem Grundsatz erklärt: »Wenn jeder gibt, was er hat, dann werden alle satt!« – Aber für meine Begriffe trifft das noch nicht den Kern des eigentlichen Wunders.

Denn was macht uns satt? Ich glaube, dass wir den Text viel mehr auf einer ganz anderen Ebene verstehen dürfen. Jedes Brot und jeder Fisch in diesem Text haben eine Bedeutung.

Das erste Gerstenbrot steht vielleicht für »Offenheit«. Wie will ich Menschen begegnen, wenn ich nicht offen für sie bin, wenn ich ständig Angst vor fremden Menschen habe? Offenheit bedeutet auch: Ich lasse mich erst einmal vorurteilsfrei auf jemand anderen ein.

Das zweite Gerstenbrot steht vielleicht für »Freundlichkeit«. Ich sehe im anderen das Gute und begegne ihm entsprechend freundlich. Wir verschicken so oft Smileys, das sollte unsere Grundhaltung sein, wenn wir Menschen begegnen.

Das dritte Gerstenbrot steht vielleicht für »Wertschätzung«. Jeder Mensch bringt etwas in das Leben ein, besondere Talente und Begabungen. Jeder Mensch ist wertvoll. Daher sollten wir auch jeden Menschen mit Wertschätzung behandeln.

Das vierte Gerstenbrot steht vielleicht für »Solidarität«. Wir brauchen Menschen, die uns unterstützen, uns zur Seite stehen, die uns mittragen, auch, wenn wir Fehler machen. Wir brauchen auch Menschen, die ihre Stimme erheben, wenn Not schon zum Himmel schreit.

Das fünfte Gerstenbrot steht vielleicht für »Vergebung«. Keiner ist perfekt. Im Gegenteil! Wir machen alle Fehler und hauen mal kräftig daneben. Um so entscheidender ist, dass es dann Menschen an meiner Seite gibt, die fünfe auch mal gerade sein lassen, und die verzeihen können.

Von all diesen Broten – Offenheit, Freundlichkeit, Wertschätzung Solidarität und Vergebung – leben wir. Wenn wir diese Brote miteinander teilen, dann kann das die Welt verändern. Wenn wir also offen auf andere zugehen, freundlich und mit Wertschätzung, uns solidarisch zeigen und einander vergeben können – dann hat das Auswirkungen!

Und die zwei Fische? Fische brauchen ja bekanntlich das Wasser, damit sie leben können. Was brauchen wir als Menschen, damit wir leben können? Wir brauchen andere Menschen, denn alles an wirklicher Beziehung ereignet sich durch das Gegenüber, durch das Du. Aber als gläubige Christen brauchen wir noch etwas. Der Pfarrer von Ars, Jean-Marie Vianney, hat es einmal so auf den Punkt gebracht: »Zieh einen Fisch aus dem Wasser: Er wird nicht leben können. Das ist der Mensch ohne Gott.«

45 Um den Finger gewickelt … engt ein!
– Auferweckung des Lazarus

Bibelstelle: Johannes 11,1–46
Symbol: weiße Mullbinden (Verbandskasten)

Handlung

Der Sprecher nimmt eine Mullbinde und wickelt sie einem oder mehreren Gottesdienstbesuchern um den Finger. Der Sprecher bittet jemanden, nach vorn zum Altarraum zu kommen. Dort wickelt er Mullbinden um die ausgestreckten Hände, dann um die Füße, schließlich um die Stirn.

Predigtimpuls

Mir stinkt's echt! Ich hab' die Nase gestrichen voll! – Manchmal stinkt es tatsächlich ganz schön zum Himmel! Und das wörtlich – wenn man sieht, was auf diesem Planeten so alles geschieht. Dabei denke ich nicht nur an die Müllberge und den CO2–Ausstoß, den Dieselskandal oder die Tonnen von Plastik in den Ozeanen.

Auch die Art und Weise, wie wir miteinander umgehen, stinkt oft genug zum Himmel. Kein Wunder, dass manchmal Leute sagen: »Mir stinkt's jetzt!«, und meinen: Das Fass ist voll, es reicht. Immer da, wo wir eingeengt werden, wo man uns unserer Freiheit beraubt, wo es ungerecht zugeht oder wo die Menschenwürde verletzt wird – da stinkt es ganz gewaltig!

Vielleicht ist das ja in der Geschichte von Lazarus auch so?! »Herr, er riecht schon!« – bekommt Jesus zur Antwort, als er nach ein paar Tagen das Grab von Lazarus öffnen lässt. In den Jesusfilmen ist das immer sehr spektakulär dargestellt. Dramatische Musik, dann das Erscheinen des Lazarus und die weinende, erstaunte Menschenmenge. Lazarus tritt dann immer in Leinenbinden aus dem dunklen Grabloch hervor. Jesus verstärkt diesen Augenblick, in dem die Grenzen der Naturwissenschaft durchbrochen werden. Er sagt: »Bindet ihn sofort los!« Das heißt übersetzt: Macht ihn frei von allem, was ihn einengt! So kann man diese Szene und diesen Auferweckungsakt auch verstehen. Wenn wir nur naturwissenschaftlich eine Erklärung dafür wollen oder suchen, dann kommen wir an unsere Grenzen. Nein: Dann hat der Text kaum eine Bedeutung für uns.

Aber was ist, wenn es um eine einengende Unfreiheit schon zu Lebzeiten geht? Wenn jemand schon sozial tot ist, weil man ihn mundtot und handlungsunfähig gemacht hat? Könnte es nicht sein, dass dieser Text etwas aussagt über unseren Umgang mit anderen Menschen?

(Der Sprecher nimmt eine Mullbinde und wickelt sie einem oder mehreren Gottesdienstbesucher um den Finger.)

Manche Menschen lassen sich leicht um den Finger wickeln, das heißt: Wir können sie manipulieren, haben sie im Griff, machen mit ihnen, was wir wollen. Was aber, wenn wir jemanden total »einlullen«, d. h. ihn von Kopf bis Fuß einschnüren? Lazarus tritt genauso aus dem Grab heraus. Wie eine Mumie! Könnte es nicht sein, dass dieser Zustand schon vorher existierte?

(Der Sprecher bittet jemanden nach vorn zum Altarraum zu kommen. Dort wickelt er Mullbinden um die ausgestreckten Hände, dann um die Füße, schließlich um die Stirne.)

Der Benediktinermönch Anselm Grün beschreibt das nämlich einmal so. Er legt ein paar Texte tiefenpsychologisch aus. Wer auch immer es war: »Man« hat Lazarus handlungsunfähig gemacht – die Hände sind verschnürt, »es« geht nichts mehr – die Beine und Füße sind gebunden, der Kopf ist eingewickelt – man hat ihm die Identität geraubt und jegliche Perspektive genommen usw.

Aus alldem tritt Lazarus heraus, weil es einfach reicht, weil es schon zum Himmel stinkt. Jesus spürt das. Er spricht, er handelt, er befreit. Und er duldet keinen Aufschub! Es soll jetzt sofort geschehen. Im Text heißt es: »Da kam der Verstorbene heraus; seine Füße und Hände waren mit Binden umwickelt und sein Gesicht war mit einem Schweißtuch verhüllt. Jesus sagte zu ihnen: Löst ihm die Binden und lasst ihn weggehen!« (Johannes 11,44) In Wirklichkeit aber steht im Griechischen eine Grammatikform, die man übersetzen muss mit: »Bindet ihn sofort los!«

Manchmal muss einer ein klares Wort sprechen. In diesem Fall ist es Jesus. Aber wenn du bemerkst, dass jemand anderes um den Finger gewickelt und eingelullt wird, dann sag etwas! Mach es wie Jesus. Mach den Mund auf! Damit derjenige vom Überleben zum Leben kommt!

46 Nur den guten Wein, Herr Sommelier!
– Hochzeit zu Kana

Bibelstelle: Johannes 2,1–12
Symbol: drei Flaschen Wein (Empfehlung: Weißweine! Am besten trocken / halbtrocken, lieblich, Bären-Auslese oder Eiswein), ein Krug Wasser, drei Weingläser, ein Wasserglas

Handlung

Der Sprecher hat drei Flaschen Wein und drei Gläser offen auf einem Tisch im Altarraum stehen. Der Krug mit Wasser und das Wasserglas sind irgendwo nicht sichtbar (aber in greifbarer Nähe).

Predigtimpuls

Darf ich Sie / euch heute zu einer kleinen Weinprobe einladen? Eines kann ich schon gleich versprechen: Nein, ich kann kein Wasser in Wein verwandeln. Wäre ja schön, wenn … Aber das Evangelium bietet sich an, es einmal von einer ganz anderen Seite zu betrachten.

Wir feiern im Leben oft Feste, nicht nur die kirchlichen wie Weihnachten und Ostern, sondern auch Geburtstage, Namenstage, Jubiläen etc. Das Leben kennt kleine und größere Höhepunkte, aber eben nicht nur Hoch-Zeiten (»High-Lights«). Und: das Leben zeichnet sich auch durch die verschiedenen Phasen aus, die eine besondere Qualität haben.

(Der Sprecher nimmt den ersten Wein (trocken) und gießt einen guten Schluck in das erste Weinglas. Während seiner Gedanken nimmt er einen Schluck.)

Wir können nicht ständig feiern. Manchmal müssen wir einfach die Dinge tun, die anstehen. Das fordert von uns viel Disziplin, Durchhaltevermögen, Ausdauer. Es sind eher »trockene« Phasen des Lebens, dazu gehört für manche auch die Schulzeit oder das Studium, für andere eine stupide Arbeit am Schreibtisch, für manche eine finanzielle Not. Es ist wie dieser trockene Wein: Er hinterlässt einen trockenen Nachgeschmack, etwas pelzig vielleicht auf der Zunge … Dennoch schmecken wir auch da die Früchte heraus: den noch kommenden Erfolg, wir merken, dass auch diese Phasen ihre ganz eigene Qualität haben.

(Der Sprecher gießt vom zweiten Wein (lieblich) einen guten Schluck in das zweite Glas. Auch hier probiert er – während er spricht – einen Schluck.)

Das Leben kennt aber auch die heiteren Momente. Die Freizeit, den Urlaub, den Sonntag als Ruhetag in der Woche, die kleinen erfreulichen Ereignisse, die das Leben bereichern. Ein Lob, ein gutes Wort, ein Kompliment, ein unerwarteter Strauß Blumen – das macht unser Leben lieblicher. So ist es auch bei diesem Wein: Wir schmecken sofort die fruchtige Basis, die jugendliche Frische des Weines, er perlt noch leicht, zeigt im Abgang seine Vollendung ... Wir spüren einfach, wie erfrischend so eine Phase im Leben ist, sie belebt uns im wahrsten Sinne des Wortes.

(Der Sprecher gießt vom dritten Wein (Beerenauslese / Eiswein) einen guten Schluck in das dritte Glas. Auch hier probiert er – während er spricht – einen Schluck.)

Der dritte Wein, mhmm ... der ist schön süß. Das muss man mögen. Edle Süße ... Der steht für die ganz besonderen Phasen des Lebens, die man nicht so oft erlebt: ein Fest, ein Jubiliäum, eine Auszeichnung, eine bestandene Prüfung, die glückliche Geburt eines Kindes, ein unerwartetes Wiedersehen nach vielen Jahren usw. Der Wein hinterlässt einen süßen, wohltuenden Geschmack am Gaumen und wir ahnen gleich: Den kann man nicht einfach so runterschütten, den nippt man fast nur, da muss man einfach die richtige Dosis wählen.

Die Frage mit Blick auf das Evangelium stellt sich: Ist das der Wein, den der Gastgeber im Evangelium bis zum Schluss seinen Gästen vorenthalten hat?

Ich meine: Nein. Denn, es gibt noch einen vierten, letzten Wein.

(Der Sprecher nimmt den Krug mit Wasser und füllt das Wasserglas.)

Jesus sagt den Dienern, sie sollen die sechs Krüge mit den 600 Litern randvoll mit Wasser füllen. Sie stellen diese Krüge quasi mitten auf die Tanzfläche, um es mal zu übertreiben. Und während die Diener das tun, das umsetzen, was Jesus ihnen aufträgt, da verändert sich die Welt – da wird das Wasser zu Wein. Deshalb ist der vierte Wein nichts anderes als Wasser. Es steht für den puren normalen Alltag.

Diesen Alltag leben wir ja im Grunde. Wir haben nicht immer trockene oder liebliche Phasen. Auch nicht immer eine Zeit der Auslese. Wir leben zu 95 % den Alltag. Und da nährt uns das Wasser. Aber wir als Christen versuchen, so zu leben wie Jesus, seinem Wort zu folgen – dann ändert sich unsere Wirklichkeit.

Das ist das eigentliche Wunder von Kana. Nicht das Getränk verändert sich, sondern wir verändern uns.

47 Wenn man sich groß machen muss …
– Berufung des Zachäus

Bibelstelle: Lukas 19,1–10
Symbol: Mehrzweckleiter

Handlung

Eine Mehrzweckleiter *(normal oder sehr hoch)* steht im Altarraum. Während der Ansprache steigt der Sprecher Schritt für Schritt ein paar Sprossen hinauf.

Predigtimpuls

Das ist schon interessant, wenn man nach Jericho reist, ganz in der Nähe vom Jordan. Erst denkt man am Stadteingang, dass man in ein Kriegsgebiet kommt, dann ist man mitten in einem orientalischen Einkaufszentrum, kann das alte Jericho als archäologische Fundstelle besuchen oder zum »Berg der Versuchung« mit der Seilbahn rauffahren oder … man steht plötzlich an einem Baum, an dem ein Schild hängt: »Der Baum des Zachäus«.

So etwas kann nur zum Schmunzeln anregen, denn der Baum im neuen Jericho ist zwar ein wirklich mustergültiger, schöner Baum, aber leider hat er keine 2000 Jahre auf dem Buckel. Allenfalls ein paar Jahrzehnte. Zumal auch das alte Jericho ein paar Kilometer Luftlinie entfernt ist. Dennoch tummeln sich hier immer wieder die Touristen, lassen sich fotografieren und denken an den kleinen Zöllner, von dem wir eben gehört haben.

Eines gleich vorweg: Nur weil Zachäus kleinwüchsig war, ist diese Geschichte noch lange keine Kindergeschichte. Aber sie könnte in der Kindheit von jedem von uns beginnen. Dann nämlich, wenn wir zum ersten Mal erleben, dass andere sich über uns lustig machen. Dass wir ausgelacht werden, dass man uns wegen der Brille, den Sommersprossen, den roten Haaren, der falschen Kleidung, dem fehlenden Handy, einem Sprechfehler oder was weiß ich … einfach gemobbt und ausgeschlossen hat!

(Der Sprecher klettert nach und nach die Leiter hoch.)

Es sind die Momente, in denen andere sich über uns gestellt haben. Sie wollten besser sein als wir, größer sein, oder größer erscheinen. Sie wollten auf uns herabschauen und vielleicht die eigenen Defizite überdecken. Und es gibt immer Menschen, die ganz oben auf der Leiter stehen wollen: solche in Führungspositionen, damit sie besser Macht auf andere ausüben können, solche, die im Leben zu kurz kamen und das nun andere spüren lassen. Solche, die uns dann auf den Kopf spucken oder arrogant von oben auf dich und mich herabsehen …

Vielleicht ist es Zachhäus so gegangen. All das hat ihn kleingemacht. Vielleicht war er von Gestalt wirklich zu kurz geraten, aber mir scheint: Er war auch im Leben zu kurz gekommen. Er hat sich minderwertig gefühlt. Und deshalb klettert er auf den Baum – so wie ich jetzt hier oben auf der Leiter stehe. Und damit ändert er seine Perspektive. Er will nicht von oben herabschauen und Menschen arrogant behandeln. Falsch hat er eh genug gemacht. Jetzt hat er nur einen Wunsch: Er möchte diesen Jesus kennenlernen. Denn von diesem Mann aus Nazaret hat er wohl gehört, dass er auch mit Menschen wie ihm zusammenkommt.

Wir haben alle unsere Minderwertigkeitsprobleme. Auf verschiedene Art. Wir vergleichen uns oft mit denen, die weiter »über« uns sind, beruflich oder privat mehr Erfolg haben. Damit machen wir uns kleiner als andere.

Oder wir leiden darunter, dass andere besser sind als wir, und versuchen mit allen Mitteln, uns über sie zu stellen – machen andere zur Schnecke, behandeln sie von oben herab – als Gegenreaktion. In Wirklichkeit aber wünschen auch wir nur eines: Dass wir geliebt werden.

Zachäus will auch nur geliebt werden. Er will angenommen sein. Er braucht wie wir alle Aufmerksamkeit im Sinne von: Er möchte einfach nur Ansehen geschenkt bekommen. Jesus schenkt den Menschen dieses Ansehen. Er sieht Zachhäus auf dem Baum, er spricht ihn an und schenkt ihm Wertschätzung, indem er sich zu ihm einlädt. Das verändert sehr viel im Leben von Zachäus.

Wer so geliebt und angenommen ist, der muss sich nicht größer machen, der muss auf keine Leiter der Welt klettern, um endlich jemand zu sein. Was wir vor Gott sind, das sind wir – nicht mehr, und nicht weniger.

48 Unterdrückt – Ein Leben lang nach unten gedrückt – Die gekrümmte Frau

Bibelstelle: Lukas 13,10–17
Symbol: aktive Handlung »gekrümmt« sein

Handlung

Dieser Impuls ist am besten für einen Gruppengottesdienst geeignet. Der Sprecher lädt einige Erwachsene im Gottesdienst ein, die Körperhaltung des »gekrümmten« Menschen einzunehmen. Es auszuhalten. Im »normalen« Sonntagsgottesdienst könnte eine Person *(vorher absprechen)* diese gekrümmte Haltung einnehmen.

Predigtimpuls

Das Wort »Depression« kann man ganz gut mit »zusammengedrückt« übersetzen. Es bedeutet, dass uns viele Dinge des Alltags wie ein tonnenschwerer LKW niederdrücken, und wir uns ohnmächtig, schwach, traurig – vor allem aber einsam fühlen. Manche Menschen leider unter einer Winterdepression, wenn ab November die dunkle Jahreszeit beginnt. Andere haben zeitweise depressive Phasen, z. B. bei einer unheilbaren Erkrankung. Wieder andere sind dauerhaft krank, nehmen Medikamente, um einigermaßen durch den Alltag zu kommen.

Die Frau im Evangelium leidet seit vielen Jahren schon innerlich und äußerlich an der Seele und am Körper. Ihr Leib ist niedergedrückt. Sie geht gekrümmt.

Ich möchte euch / Sie einmal bitten, diese gekrümmte Haltung für einige Minuten einzunehmen. (Wer mitmachen möchte, möge bitte aufstehen und sich einen guten Platz suchen.) Beuge bitte langsam deinen Körper mit dem Kopf nach vorn, sodass du deine Schuhe und den Radius um deine Schuhe herum sehen kannst. In dieser Position bleibt jetzt bitte für einige Augenblicke.

Ganz schnell spüren wir, wie unser Rücken beim langsamen Gehen schmerzt. Wir sind den aufrechten Gang gewohnt. Aber lange vor uns sind unsere Vorfahren auf allen Vieren gelaufen. Sie haben die Welt immer nur mit dem Blickwinkel der wenigen Quadratmeter um sie herum wahrgenommen. Genau das ist die Erfahrung der Frau. Mit gesenktem Blick kann sie nichts mehr um sie herum wahrnehmen, die sozialen Kontakte brechen ab.

Wer so durchs Leben geht, hat dauernd Schmerzen. Irgendwann gewöhnt sich aber der Körper daran. Das Problem daran: Er kommt aus dieser Haltung nicht mehr heraus. Das Niedergedrücktsein wird zu einer chronischen Erkrankung. Wie bei einer dauerhaften schweren Depression.

Ich möchte euch / Sie nun einladen, die Erfahrung zu machen, wie es ist, von jemandem aufgerichtet und neu ausgerichtet zu werden. Dazu werde ich Ihnen – wenn Sie mir das erlauben – meine Hand auf den Rücken legen und langsam mit der Hand von den Schultern an nach unten abstreichen. *(Bei mehreren Personen:* Dazu werde ich bei jemandem von euch beginnen und meine Hand auf dessen Rücken legen – wenn ich darf – und langsam mit der Hand den Rücken von den Schultern nach unten abstreichen.) Das wiederhole ich mehrmals mit sanftem Druck, bis die Wirbelsäule den Oberkörper langsam aufrichtet.

(Der Sprecher macht dies und lädt dann die erste Person ein, zu jemand anderem zu gehen und das Gleiche zu tun. Das geht so weiter, bis alle aufgerichtet sind.)

Nun sind alle / Sie »aufgerichtet«. Wer ein Leben lang nach unten gedrückt wurde, also unterdrückt wurde, der knickt irgendwann ein, wird gebeugt, möglicherweise depressiv … Umso wichtiger ist, dass wir Menschen helfen, sich aufzurichten und neu auszurichten. Jesus macht es uns vor. Er legt die Hände auf und die Frau richtet sich auf. Dieses Aufrichten ist für mich so etwas wie die Auferstehung ins Leben hinein. Es lässt uns das Sichtfeld weiten, hilft uns Perspektiven zu finden.

Wenn wir Menschen zeigen, dass wir sie nicht allein lassen, ihnen helfen, von diesen Mechanismen freizukommen, dann geschieht bereits Heilung. Ein depressiver Mensch wird deshalb vielleicht noch nicht von seiner Depression geheilt, aber er spürt, dass er aufgerichtet wird durch die, die ihm begegnen. Er erhält seine Würde zurück, seine Achtung und Wertschätzung.

49 Ausgepowert und ausgenutzt
– Die blutflüssige Frau

Bibelstelle: Matthäus 9,20–22
Symbol: Eimer mit einem Loch, Plastikschüssel, Krug mit Wasser (rot gefärbt)

Handlung

Zu Beginn der Ansprache zeigt der Sprecher allen den Eimer, ohne dass die Gottesdienstbesucher das Loch im Eimer sehen können. Dann stellt er den Eimer in die Plastikschüssel und schüttet nun das rot gefärbte Wasser aus dem Krug in den Eimer. Danach hebt er den Eimer hoch – er ist leer.

Predigtimpuls

Das war jetzt kein billiger Zaubertrick, sondern die schlichte Tatsache, dass der Eimer ein Loch hat. Die ganze Flüssigkeit läuft aus.

Vielleicht ist es etwas drastisch, aber ich möchte es dennoch wagen: Genau darunter litt die Frau im Evangelium. Seit 12 Jahren schon leidet sie an Blutungen. Nicht einfach an den üblichen Monatsblutungen, so wie das ganz normal ist. Sondern an einer chronischen Erkrankung. Was lateinisch mit »Menstruation« übersetzt ist, heißt im Griechischen »menorrhö«. Darin sind die beiden Worte »men« (für Monat) und »reo« (ich fließe) enthalten. Das Blut fließt. Permanent. Monatlich. Doch diese Frau läuft im wahrsten Sinne des Wortes aus. Das Blut, unser Lebenssaft, rinnt aus ihr. Sie leidet darunter. Es ist gerade so, als würde sie komplett leerlaufen.

Ich weiß, dass das ein drastischer Vergleich mit dem Eimer ist. Aber nur so erahnen wir die Dimension. Fast beiläufig schleicht sie sich in der Menge an Jesus heran. Sie will nur einmal mit ihm in Kontakt kommen. Auch, wenn es nur über sein Gewand ist, etwas auf Tuchfühlung gehen mit diesem »therapeutikós« aus dem Norden Galiläas.

Das Blut, das durch die Muskelkraft des Herzens in einem großen Kreislauf durch unseren Körper gepumpt wird, hält uns am Leben. Doch diese Frau spürt das vielleicht nicht mehr. Sie hat den Eindruck, sie blutet aus, alle Lebenskraft schwindet. Aber nicht nur die Lebenskraft ist dahin. Diese Frau spürt keine Aufmerksamkeit mehr ihr gegenüber, sie genießt kein Ansehen mehr, sie sehnt sich nach Zuwendung und einer Achtsamkeit für ihre Situation. Vielleicht glaubt sie sogar, ihre Würde verloren zu haben. Und sie hält sich im übertragenen Sinne am letzten Strohhalm, am letzten Rockzipfel fest.

Sie berührt nur den untersten Rand des Gewandes Jesu. Was passiert hier eigentlich? Diese Frau möchte irgendwo »Leben« auftanken! Als sie Jesus kennenlernt und erlebt, spürt sie: Da ist jemand, der mir in aller Achtsamkeit Aufmerksamkeit schenkt. Der mich bemerkt, mich ansieht und mir damit endlich wieder Ansehen schenkt. Sie spürt, dass Jesus ihr durch diese Zuwendung auch wieder Würde verleiht.

Viele Menschen heute sind ausgepowert und fühlen sich ausgenutzt. Ihnen geht's ganz ähnlich wie der Frau im Evangelium. Vielleicht fühlen Sie sich ja auch manchmal so. Wir haben den Eindruck, dass wir ständig nur am »Geben« sind. Du reichst den kleinen Finger und man zerrt dich an der ganzen Hand. Ob es die Familienmitglieder sind oder der Chef und die Kollegen am Arbeitsplatz, oder auch bei vielen, die sich ehrenamtlich engagieren – auch hier in unserer Gemeinde. Wie können wir dieses »Ausbluten« im Alltag stoppen? – Die Frau im Evangelium wendet sich an Jesus. Bei ihm kann sie sich festhalten – wenn auch nur für einen kurzen Moment und auch nur am untersten Rand des Gewandes.

Vielleicht brauchen wir in solchen Momenten auch einen festen Haltepunkt. Das kann die eigene Familie sein, der Ehepartner, eine gute Freundin, der Sportkollege, eine Beschäftigung in der Freizeit, das kann Musik oder Kunst sein, der eigene Garten … Das kann auch der Glaube sein, der Gottesdienst und das Gebet, das Gespräch mit Gott, der Blick auf Jesus. Vielleicht tragen wir auch einfach nur ein kleines Holzkreuz in der Hosentasche und halten es ab und an in der Hand ganz fest.

50 Fußreflexzonen als Spiegelbild des Körpers – Die Salbung seiner Füße

Bibelstelle: Lukas 7,36–50
Symbol: kleine Flasche Massageöl und ein Handtuch, zwei Stühle
Gast: eine Physiotherapeutin

Handlung

Direkt zu Beginn der Ansprache lädt der Sprecher jemanden ein *(Hinweis: vielleicht vorher absprechen)*, in den Altarraum zu kommen, Platz zu nehmen. Er bittet die Person, einen Schuh und den Strumpf auszuziehen. Der Sprecher stellt der Gemeinde einen Gast vor – eine Physiotherapeutin. Sie wird der Person für die Dauer der Predigt die Füße »salben«, d. h. mit Öl einmassieren.

Predigtimpuls

So was kann ja nicht wahr sein! Wo kommen wir denn dahin, wenn das alle machen! Und das in diesem Haus! – So mögen ein paar Gäste gedacht haben. Aber nicht nur die Gäste. Auch der Pharisäer Simon mag so gedacht haben.

Tja, und was soll ich dazu sagen? So was hat's auch noch nie in der Kirche, in einem Gottesdienst gegeben! Möchte sich jemand von mir die Füße mit Öl einsalben, einmassieren lassen? Ja – Sie / du? Toll! Darf ich Sie / dich bitten, einmal nach vorn zu kommen … Platz zu nehmen und einen Fuß frei zu machen?!

(Person X kommt in den Altarraum und nimmt Platz.)

Jetzt möchte ich Ihnen noch jemanden vorstellen, eine Physiotherapeutin, die ich eingeladen habe. Das ist Frau N.N., sie wird Ihnen / dir die Füße mit Öl massieren.

(Die Physiotherapeutin kommt ebenfalls in den Altarraum. Bereitet sich vor mit dem Handtuch auf den Knien und dem Öl.)

Es geht nichts über eine wohltuende Fußmassage. In den asiatischen Ländern ist das etwas ganz Normales. Die Füße mit Öl einzureiben ist mehr als Hautpflege!

(Der Sprecher wendet sich an die Physiotherapeutin.)

Ist das richtig, dass man den ganzen Körper des Menschen massiert, wenn man die Füße massiert?

(Die Physiotherapeutin kann in dieser oder einer ähnlichen Form antworten, es kann sich auch ein kurzes Gespräch daraus ergeben.)

Ja, das ist richtig. Die Fläche unserer Fußsohlen spiegeln den ganzen menschlichen Leib wider. An den Fußspitzen, also an den Zehen, finden sich Druckpunkte für den Kopf, für Augen, Ohren, Nase und Zähne. Die Fußinnenkante spiegelt die Wirbelsäule wider, die Fußaußenkante hingegen Arme, Schultern, Hüfte, Knie. Am Fußballen sind Druckpunkte für Lunge, Brust, Herz, Speiseröhre und Schilddrüse. An den Fersen finden sich der untere Rücken, das Gesäß, das Knie und der Ischiasnerv, der uns oft zu schaffen macht. Im Fußgewölbe finden wir Darm, Leber, Galle, Nieren und Blase.

(Der Sprecher fährt in seiner Ansprache fort.)

All das lehrte die asiatische Heilmedizin. Für manche ist das absoluter Unsinn! Aber es kann passieren, dass man einen dieser Punkte drückt, und plötzlich tut es unerwartet genau an der Körperstelle weh, die mit diesem Druckpunkt verbunden ist.

Aber selbst, wenn es tatsächlich Unsinn ist, so tut es unseren Füßen doch unglaublich gut, wenn sie einmal liebevoll behandelt werden. Denn erstens sind sie meistens den ganzen Tag in Socken und Schuhen eingesperrt. Zweitens belasten wir sie durch unseren ganzen Körper und unser Gewicht. Drittens: Mit unseren Füßen, auf denen wir stehen, bewegen wir uns, sie müssen zusammen mit der Beinmuskulatur die Schritte machen, die uns fortbewegen. Bergauf, bergab. Beim Autofahren lastet große Verantwortung auf den Füßen, die vom Gehirn gesteuert werden. Gasgeben, Kuppeln und Bremsen – all das machen wir mit unseren Füßen. Fußball ohne Füße, die Bälle in Tore schießen und viele Kilometer über den Rasen laufen – undenkbar!

Die Frau, die im Evangelium Jesus die Füße mit Öl einreibt, mag äußerlich nicht nur die Party des Pharisäers Simon stören. Sie mag tatsächlich viel Geld verschwenden mit dem teuren Öl. Ja, es mag sogar erotisch anmuten, was da zwischen den beiden abläuft. Aber letztlich zeigt die Frau Jesus etwas von sich, was Simon und möglicherweise die anderen Gäste in sich nicht mehr verspüren: liebevolle Zuwendung in großer Achtsamkeit! Wir trauen uns vielleicht eher im übertragenen

Sinne, »Menschen den Kopf zu waschen«, aber die Füße mit Balsam einzumassieren – das erfordert auch Vertrauen auf beiden Seiten. Das geht nur, wenn ich einen Menschen mag, und wenn der diese Nähe zulässt.

Jesus erlebt diese Frau als eine, die ihm etwas Gutes tun möchte. Er erahnt oder kennt sogar ihre Geschichte. Sie ist ja »stadtbekannt«. So, wie man an der Fußsohle den ganzen Leib durch Druckpunkte erahnen kann, so kennt er ihr Leben. Jesus sagt der Frau, dass sie geliebt ist, dass sie auch dann angenommen ist, wenn sie Fehler gemacht hat, wenn sie – wie es heißt – eine »Sünderin« ist. Damit gießt er nicht noch weiter Öl aufs Feuer, um sie noch mehr zu brandmarken, sondern er gießt liebevoll Balsam auf die Seele dieser Frau, damit sie spürt, dass sie wirklich ganz und gar geliebt ist.

Wer von uns wünscht sich das nicht? Balsam für die Seele – so sagen wir. Die Frau salbt äußerlich »nur« die Füße Jesu. Aber sie schenkt ihm ihre ganze Liebe. Und er? Er schenkt ihr Ansehen, Wertschätzung, Würde und liebevolle Zuwendung. Das ist Balsam für die Seele.

Besondere Anlässe und Feste im Kirchenjahr

51 Sich binden und verbunden sein
– Einführung neuer Ministranten

Bibelstelle: 1. Korinther 12,12–29 (evtl. in einer kindgerechten Version)
Symbol: alle Kordeln der Ministrantengewänder

Handlung

Während der Predigt werden mit der Kordel der Ministrantengewänder drei Erfahrungsexperimente gemacht. Alle neuen Minis sind darin eingebunden.

Predigtimpuls

Heute ist ein ganz besonderer Tag. Heute werdet ihr, unsere neuen Ministranten, in die große Schar der Minis aufgenommen. Von den Gruppenleitern seid ihr in den vergangenen Wochen / Monaten vorbereitet worden, ihr habt viel gelernt über den Ablauf der Gottesdienste, welche Farben es bei den Messgewändern gibt, welche Dienste man im Gottesdienst als Ministrant wahrnimmt, aber ihr habt auch tolle Spiele gemacht und seid als Gruppe zusammengewachsen.

Wenn euch nachher die Gruppenleiter in die Gemeinschaft der Minis aufnehmen, dann werden sie euch eine besondere Frage stellen. Sie werden euch fragen, ob ihr versprechen wollt, euren Dienst eifrig und gewissenhaft auszuüben und die Gemeinschaft der Ministranten durch eure Fähigkeiten und Begabungen noch zu ergänzen. Danach werden sie euch das Ministrantengewand, eure »Dienstkleidung« sozusagen, anziehen helfen. Zu diesem Dienstgewand gehört auch diese Kordel hier.

Diese Kordel hat ja eine ganz einfache Funktion: Sie wird mit einem speziellen Knoten um den Bauch geschnürt, so dass sie das Gewand, wenn es etwas länger ist, gut festhält und ihr nicht hinfallen könnt. Aber ich möchte zeigen, was diese Kordel noch bedeutet. Drei Dinge sind mir dazu in den Sinn gekommen:

(Der Sprecher bittet, ein Kind nach vorn zu kommen. Er fesselt dem Kind mit der ersten Kordel die Hände.)

1. Magst du mal zu mir kommen? Danke! Streck mal bitte beide Hände aus. Genau. Ich kann dich mit der Kordel fesseln. Damit sind dir die Hände gebunden. So sagt man mit einem Sprichwort »Mir sind die Hände gebunden«, wenn man keine Möglichkeit mehr sieht, irgendetwas zu machen. Ich denke nicht, dass die Ministrantenkordel dafür gedacht ist, jemandem die Hände zu binden …

(Danach kommt ein zweites Kind nach vorn. Der Sprecher nutzt die zweite Kordel und bindet sie um das Handgelenk. Dann zieht er das Kind mal in die eine, mal in die andere Richtung.)

2. Kommst du auch mal zu mir? Danke, dir! Ich möchte dir gerne um eine Hand die Kordel binden. So, ich werde dich jetzt mal mitnehmen, du musst mir folgen, ob du willst oder nicht. Ein wenig erinnert das ans Gassi-Gehen mit einem Hund. Es ist wie eine Leine. Ich denke nicht, dass die Ministrantenkordel dafür gedacht ist, jemanden herumzukommandieren …

(Der Sprecher bittet nun die restlichen Kinder nach vorn zu kommen (sofern es sich um eine überschaubare Gruppe handelt). Die Kinder bilden einen Kreis. Jedes Kind bekommt nun das Ende einer Kordel in die linke und rechte Hand. Damit sind alle miteinander verbunden. Am besten stellen sich alle direkt um den Altar.)

So, kommen jetzt mal alle anderen noch nach vorn? Bildet bitte mal einen Kreis hier um den Altar. Jeder von euch nimmt jetzt das Ende einer Kordel in die linke und rechte Hand. Wenn ihr jetzt mal schaut, seht ihr: Ihr seid alle miteinander verbunden.

Ihr Ministranten seid damit ein gutes Bild für die Kirche und unsere ganze Pfarrgemeinde! Denn so, wie ihr durch diese Kordel miteinander verbunden seid, sollen wir das als Freunde Jesu auch sein. Wir stehen in einer Beziehung zueinander. Wir bilden einen »Leib«, wie Paulus das in seinem Brief an die Gemeinde von Korinth sagte. Und weil alle wichtig sind, gehört auch jeder dazu! Deshalb bitte ich die beiden anderen auch dazuzukommen. Wir brauchen eure Kordel jetzt auch noch, damit die Verbindung hält.

Wenn ihr also vor einem Gottesdienst die Kordel anzieht, dann denkt daran, dass sie auch eine Verbindung schafft zu den anderen Ministranten. Und jetzt wollen wir euch aufnehmen.

Aufnahme der Ministranten

Gruppenleiter: Ihr dürft mit eurer Kordel um den Altar stehen bleiben. Ich möchte euch jetzt fragen: Möchtest du (Namen nacheinander nennen) in die Schar der Ministranten von St. (Name) aufgenommen werden?

Minis: Ja, ich will.

Gruppenleiter: Möchtest du deinen Dienst in den Gottesdiensten eifrig und gewissenhaft ausüben?

Minis: Ja, ich will.

Gruppenleiter: Möchtest du die Gemeinschaft der Ministranten durch deine Fähigkeiten und Begabungen ergänzen?

Minis: Ja, ich will.

Gruppenleiter: Dann nehme ich dich in die große Gemeinschaft unserer Ministranten mit Freude auf. Wir helfen dir jetzt beim Einkleiden und bitten dich, die Kordel – wie eben gehört – immer auch als Zeichen unserer Freundschaft zu tragen. Das Kreuz, das wir dir umhängen, erinnert dich daran, dass du diesen Dienst für Jesus Christus machst.

Aufnahmetext © Rainer M. Müller

52 Aus dem Vollen schöpfen
– Beauftragung von Kommunionspendern

Bibelstellen: Johannes 6,48–59 / Markus 6,30–44
Symbol: Schöpflöffel /-kelle

Handlung

Der Sprecher zeigt zu Beginn der Ansprache die Schöpfkelle.

Predigtimpuls

Wenn bei den Dorffesten die Gulaschkanone bereitet ist, die Menschen Schlange stehen, dann schöpfen die Küchenleute aus dem Vollen.

(Der Sprecher hält den Schöpflöffel hoch.)

Aus dem Vollen zu schöpfen heißt: gerne etwas geben, es zur Verfügung stellen, Menschen versorgen, genug davon haben. Aus dem Vollen schöpfen heißt aber auch: Man hat etwas, was anderen das Leben ermöglicht, verschönert, was sie – wenn es ums Essen geht – nährt und satt macht.

Sie, liebe (Herr N.N. und Frau N.N. – *alle Namen nennen*) haben sich bereit erklärt, als Kommunionspenderinnen und Kommunionspender in unseren Gemeinden ihren Dienst zu tun. Sie wollen auch aus dem Vollen schöpfen. Aber Sie verteilen keine Gulaschkanone, sondern etwas für uns Christen sehr Kostbares. Sie legen Jesus Christus in Gestalt des eucharistischen Brotes in die Hände der Menschen.

Für Ihre Bereitschaft, für Ihren Dienst, die Zeit der Vorbereitung und die Auseinandersetzung mit dem, was Sie da tun, möchte ich Ihnen schon jetzt Danke sagen!

Lassen Sie mich zum Schöpflöffel, zum Brot und zu den Händen etwas sagen.

Der Schöpflöffel ist – wie eben schon angedeutet – ein Symbol des Versorgens, des Austeilens. Wir schöpfen »etwas«. D. h. wir haben es nicht selbst. Wir müssen immer von »etwas« nehmen und es austeilen. Wenn bei solchen Festen die großen Töpfe langsam leer werden, muss man tiefer schöpfen, damit der Schöpflöffel noch voll wird. So ist es mit dem Dienst, den Sie tun! Sie schöpfen – aber nicht aus sich heraus.

Sie verteilen, aber Sie verteilen nicht etwas, was Sie produziert haben oder was Ihnen gehört. Sie schöpfen aus der Tiefe unseres Glaubens etwas, was wir Menschen nur als Geschenk annehmen können, weil es uns satt macht. Es ist das Brot des Lebens, die Eucharistie. Genau genommen schöpfen Sie nicht »etwas«, sondern »jemanden«.

Sie legen den Menschen ein Stück Brot in die Hände und erinnern diese daran, dass das mehr als nur Brot ist. »Der Leib Christi«, sagen sie wie einen Kommentar dazu. Das Brot, das wir austeilen, ist auch nicht »etwas«, sondern »jemand«. Das klingt seltsam für Außenstehende. Aber das war es schon, als Jesus davon sprach. »Das Brot, das ich geben werde, ist mein Fleisch für das Leben der Welt.« (Johannes 6,51) Das klingt schräg und nur Christen, die einen Bezug zu Jesus Christus haben, können es verstehen. Für manche Menschen müssen wir heute tief schöpfen. Nicht, weil nicht mehr viel da wäre vom Brot des Lebens, sondern weil der Grundwasserspiegel des Glaubens so tief abgesunken ist. Wir müssen auch den Brunnen des Glaubens tiefer graben. Als Kommunionspender sind Sie automatisch Zeuge bzw. Zeugin dieses Glaubens!

Sie legen dieses Brot in die Hände von Menschen. Hände, die sich uns entgegenstrecken. Hände von jungen und alten Menschen, von gesunden und kranken, von Menschen, die ganz zart besaitet sind, aber auch von solchen, an denen das Leben seine Spuren hinterlassen hat. Und doch legen wir in all diese Hände dieses Brot des Lebens hinein. Wir tun es mit der gleichen Intensität wie jene, die mit der Schöpfkelle die Plastikschüssel auffüllen, damit alle, die in der Schlange stehen und warten, etwas zum Essen haben.

Als Kommunionspender schöpfen Sie aus dem Vollen! Sie reichen den Menschen Christus durch, legen ihn in Gestalt des Brotes in die Hände derer, die ihn empfangen. Wir fragen nicht, ob einer würdig ist. Wir fragen nicht, ob er es darf. Wir urteilen nicht, selbst wenn wir Bedenken hätten. Weil – weil Jesus selbst der Gastgeber und das Brot ist. Wir sind nur die, die aus dem Vollen, aus seiner Fülle schöpfen. Ihnen sagt er: »Gebt ihr ihnen zu essen!«

53 Verstehst du auch, was du da liest?
– Beauftragung von Lektoren

Bibelstelle: Apostelgeschichte 8,26–40
Symbol: große Lupe und Lektionar

Handlung

Der Sprecher geht vor der Ansprache schweigend mit der Lupe im Altarraum herum, bleibt hier und da stehen, schaut sich ein Detail an einer Kerze, am Mikrofon, am Lektionar etc. genau an.

Predigtimpuls

Er wohnte zu Lebzeiten in der Baker Street 221b – zumindest in den Romanen über ihn. Die Rede ist von der wohl berühmtesten Gestalt der Kriminalgeschichte, die uns bekannt ist: Sherlock Holmes. Wir kennen ihn mit rauchender Pfeife und der Lupe in der karierten Jackentasche. Er gilt bis heute als »der« Vertreter schlechthin des erfolgreichen analytischen Denkens. Und er ist der Urtyp des Detektivs. An seiner Seite Dr. Watson. Beides erfundene Personen, doch so real in den Romanen von Sir Arthur Conan Doyle geschildert, dass man ihnen jedes Wort, jede Schlussfolgerung und jede Handlung abnimmt.

Die Lupe brauchte er, um das zu sehen, was dem normalen Auge verborgen war. Sie vergrößerte Details und offenbarte ihre wahre Bedeutung. Was in der Kriminalgeschichte Sherlock Holmes war und ist, das sind Sie / seid ihr, unsere künftigen Lektoren und Lektorinnen und alle, die diesen Dienst bereits ausüben. Es ist der Dienst am Wort Gottes. Ihr seid in gewisser Weise die Sherlock Holmes unserer Pfarrgemeinde!

Eben in der Lesung haben wir die Geschichte von dem Äthiopier gehört, dem Philippus die Bibelstelle beim Propheten Jesaja erklärt. Auch Philippus wird gewissermaßen zum Sherlock Holmes. »Verstehst du, was du liest?«, fragt er den Äthiopier. Dessen Antwort ist interessant: »Nein, wie könnte ich denn den Text verstehen, wenn mir niemand dabei hilft!«

Als Lektor bzw. Lektorin wird es nicht in erster Linie eure Aufgabe sein, den Text zu entschlüsseln, ihn zu erklären, also eine Interpretation des Textes vorzutragen. Ihr Dienst ist vielmehr ein anderer: Sie sollen das Wort Gottes so verkünden, dass die Menschen sich etwas vorstellen können, dass sie es verstehen. Das fängt bei der eigenen Vorbereitung an, wenn Sie den Text zuhause laut vorlesen. Und ich kann Sie nur ermutigen, vielleicht einmal in einem Kommentar im Internet – z. B. auf den Seiten des Bibelwerks – nachzuschauen, welche Hintergrundinformationen Sie zu dem Text finden. Also: in welcher Zeit das spielt, wer der Verfasser war, welche Situation als Ausgangspunkt für das Schreiben mitspielt. Beim Apostel Paulus beispielsweise haben wir nur seine eigenen Briefe als Antwortschreiben auf Fragen, die an ihn gerichtet wurden. Wir müssen also aus den Antworten auf die Fragen schließen – und bekommen dadurch ein Bild davon, was damals in den Gemeinden los war.

(Der Sprecher hält die Lupe sichtbar in die Höhe.)

Sie gehen also mit einer Art Lupe schon bei der Vorbereitung des Textes daran, ihn selbst zu verstehen. Warum das wichtig ist? Wenn Sie den Text im Gottesdienst vortragen, dann hören die Menschen in der Kirche ihn in diesem Moment nur ein einziges Mal. Die Gemeinde kann keine Nachfragen stellen, sie muss den Text beim ersten Hören verstehen. Daher ist es wichtig, dass Sie ihn nicht nur gut verständlich vortragen, sondern dass Sie selbst die richtigen Bilder im Kopf haben – denn dann können diese Bilder auch bei denen, die zuhören, entstehen. Setzen Sie auch Ihre Stimme bewusst so ein, dass der Text lebendig wird. Das muss nicht wie auf der Theaterbühne klingen – Gottesdienst ist kein Theater. Aber es sollte auf keinen Fall monoton langweilig sein, sodass die Leute weghören.

Die Lupe im übertragenen Sinn ist Ihr Blick für die Wirklichkeit des Textes. Wir können die Bibel nicht immer wörtlich nehmen, auch nicht beim Vortragen. Aber wir müssen sie ernst nehmen von dem, was sie uns mitteilen möchte.

»Verstehst du, was du liest – beziehungsweise: hörst?«, das ist die Frage, die Sie indirekt immer an den Hörer des Wortes stellen, wenn Sie einen Text vortragen. Sie bieten durch Ihre Art, den Text zu lesen, bereits eine Interpretation an. Sie geben den Menschen eine Lupe an die Hand, damit sie genauer hinschauen, welche Wirkung das Wort Gottes für das eigene Leben haben kann.

Haben Sie vielen Dank für diese Bereitschaft. Sie setzt voraus, dass Ihnen das Wort Gottes etwas bedeutet. Sie müssen nicht alles verstehen, Sie dürfen auch einmal wie dieser Äthiopier unterwegs sein und sagen: »Wie könnte ich, wenn mich niemand anleitet?« – Bibelabende, Bibliodramaveranstaltungen oder Bibliolog, Literatur und Bibel-Meditationen und hoffentlich auch die ein oder andere Predigt, sind dann Nahrung für Sie selbst.

Deshalb empfangen Sie gleich bei der Beauftragung auch das Lektionar. Es wird Ihnen symbolisch in die Hände gelegt. Sie sollen das Wort Gottes verkünden – sei es gelegen oder ungelegen, wie es im Brief an Timotheus, einem Schüler von Paulus, heißt: »Verkünde das Wort, tritt auf, ob gelegen oder ungelegen …« (2. Brief an Timotheus 4,2)

54 Was ist das denn?
– Sakramente (Taufe, Erstkommunion und Firmung)

Bibelstelle: Markus 16,14–19
Symbol: ein Stück Berliner Mauer

Handlung

Der Sprecher geht zu Beginn der Ansprache zu einzelnen Personen im Gottesdienst, zu Kindern und Erwachsenen. Er zeigt ihnen ein kleines Stück »Stein« *(Berliner Mauer),* ohne es zu benennen.

Predigtimpuls

Was könnte das sein? Hat jemand eine Idee? Ein Stück Beton, bemalt mit Graffiti. – Genau … es ist ein Stück der Berliner Mauer. 1989 – also vor mehr als 30 Jahren bei der friedlichen Revolution aus der Mauer mit einer Spitzhacke gehauen. Wer schon einmal in Berlin war, der weiß, dass man den alten Checkpoint »Charly« an der Friedrichstraße noch besichtigen kann, ebenso ein längeres Stück Mauer. 155 km war sie lang, als sie 1961 gebaut wurde. Sie trennte den Osten vom Westen Berlins. Mit dem Bröckeln des sogenannten Eisernen Vorhangs fiel quasi über Nacht auch die Mauer. Ein Symbol der Trennung wurde zu einem Symbol der Gemeinschaft; ein Symbol der Gefangenschaft wurde zum Symbol der Freiheit.

Für viele Menschen ist ein solcher Stein der Berliner Mauer mehr als nur ein Stein der Erinnerung. Er weckt lebendige Szenen voller Gefühle. Da fließen Tränen, in Gedanken kommen Begegnungen hoch, die sich unmittelbar nach der Grenzöffnung abspielten. Und zwei Sätze kommen in den Sinn. Der eine, von einem ganzen Volk ausgerufen: »Wir sind das Volk!« Der andere, von einem Politiker versehentlich ausgesprochen. Es war am frühen Abend des 9. November 1989, als Günter Schabowski kurz vor dem Ende einer Pressekonferenz in Ost-Berlin ins Stammeln kam. Mehrere Korrespondenten hatten zuvor die Frage gestellt, ab wann denn die gerade verkündete Regelung für die Ausreise aus der DDR gelten solle? Nervös blätterte der sonst immer sehr wortgewandte Chefredakteur des »Neuen Deutschlands« und damalige Berliner SED-Chef in den mitgebrachten Unterlagen. Dann antwortete Schabowski: »Das tritt nach meiner Kenntnis … ist das sofort, unverzüglich.«

Dieser Fehler ist in die Geschichte eingegangen. Und doch macht er etwas deutlich von dem, was dieser abgehauene Stein meint: Es gilt sofort, unverzüglich, im Hier und Jetzt.

Mit diesen beiden Sätzen lässt sich eine kleine Lehre über das schreiben, was ein Sakrament ist. Es ist eine Handlung, ein Zeichen, das hier und jetzt gilt und dem Volk Gottes geschenkt ist – als Akt der Liebe Gottes zum Menschen. Doch es ist nicht profan, sondern heilig. Es heilt den Menschen, führt ihn zu einer größeren Freiheit vor Gott hin.

Bei der Taufe ist es das Wasser, in das wir eingetaucht werden, und der Satz: »Ich taufe dich im Namen des Vaters und des Sohnes und des Heiligen Geistes!« Bei der Firmung ist es die Salbung mit dem Königsöl, dem Chrisam, und dem Deutewort: »Sei besiegelt durch die Gabe Gottes, den Heiligen Geist!« Bei der Eucharistie sind es Brot und Wein mit den uns bekannten Sätzen: »Mein Fleisch und mein Blut, für euch gegeben!« – Es ist das Geschenk an das Volk Gottes. »Wir sind das Volk!« – damit ist gemeint: Wir tragen in uns die Sehnsucht nach Heil und Heilung. Wir wollen frei sein – so frei, dass wir uns sogar gegen Gott entscheiden könnten.

Ein Sakrament unterstreicht diesen besonderen (= heiligen) Moment der Freiheit, der uns geschenkt ist. Wann immer wir unsere Hände in das Weihwasser am Eingang der Kirche eintauchen, denken wir uns unsere Taufe und die Befreiung zum Kind Gottes. Wann immer wir entscheiden, unseren Glauben öffentlich zu bekennen, spüren wir die unsichtbare Macht des Chrisam-Öls, das wie ein Siegel auf unserer Stirne liegt. Wann immer wir eine Hostie in Händen halten und vom Kelch trinken, tun wir das zur Erinnerung an Jesus und seine Lebenshingabe.

Sakramente bringen in einer Handlung, einem Gegenstand und einem kurzen Deutewort alles auf den Punkt, was wichtig ist. Wie die Berliner Mauer in diesem kleinen Stück: Befreiung zur Freiheit für die Menschen gestern und heute.

55 Damit alle eins sind
– Pfarrfest

Bibelstellen: 1 Korinther 12,12–30 / Johannes 15,17–26
Symbol: große Puzzleteile

Handlung

Im Altarraum liegen verstreut auf dem Boden große Puzzleteile (Welt / Europa). Kinder / Jugendliche und Erwachsene werden eingeladen, diese Puzzleteile zusammenzusetzen. Einzige Bedingung: Sie dürfen dabei nicht miteinander reden.

Alternative zur gekauften Ausgabe: Das Gebiet der Pfarrei / Seelsorgeeinheit / Großpfarrei auf großen Kartons nachzeichnen und als Puzzle ausschneiden. Eignet sich auch bei Zusammenlegung von mehreren Pfarreien.

Predigtimpuls

Hier vorne liegen eine ganze Reihe von Puzzleteilen. Wenn alle zusammengelegt sind, werden wir das Motiv erkennen. In Quizsendungen im Fernsehen werden solche Puzzleteile manchmal für »Spiele auf Zeit« genommen. Heute soll es aber nicht auf Zeit gehen. Vielmehr möchte ich Kinder und Jugendliche, aber auch gerne einige Erwachsene einladen, das Puzzle schweigend (!) zusammenzubauen. Das ist viel schwieriger, denn wir sind es ja gewohnt zu kommunizieren. Aber wie kann das gehen, wenn keiner mit dem anderen reden darf? Wer möchte mitmachen?

(8–10 Personen kommen nach Handzeichen in den Altarraum)

Vielen Dank für die Bereitschaft. Ich sage mal: »Los geht's!« – Während ihr jetzt still hier vorne das Puzzle zusammenlegt, möchte ich gerne etwas zu dem Bibeltext sagen, den wir eben gehört haben. Paulus schreibt an die Gemeinde von Korinth, weil es dort wohl Probleme gab. Jedenfalls antwortet er auf einen Brief, den er erhalten hat. Er vergleicht die christliche Gemeinde mit einem Körper, einem menschlichen Leib. Dazu gehören Kopf, Arme und Hände, Beine und Füße, der Bauch und die Organe, alles, was uns als Menschen ausmacht.

Wenn wir einen Arzt oder Biologen fragen würden, würde er uns erklären, wie alles zusammenhängt und wie sehr alles voneinander abhängig ist. Alle Organe sind irgendwie miteinander verbunden. Das Herz hält uns am Leben, der Kopf trifft Entscheidungen; Hände und Füße führen bestimmte Handlungen aus oder bewegen uns fort, der Magen verdaut die Nahrung und so weiter.

Wenn ein Körperteil ausfällt, dann kommt das ganze System ins Schwanken. Ein Bein- oder Armbruch, Kopfschmerzen oder eine Erkältung, eine Operation am Herzen … was auch immer, wir erleben eine Einschränkung. Bis hin zu Verdauungsproblemen! Deshalb sagt Paulus, dass wir auch mit den Körperteilen anständig umgehen sollen, die wir nicht so mögen. Kein Körperteil kann und darf sich über ein anderes erheben und sagen: Wir brauchen dich nicht.

Im Grunde ist das ein gutes Bild für unsere Kirche bzw. die Gemeinde (Pfarreiengemeinschaft / Seelsorgeeinheit o. Ä.). Natürlich, die Organe und Körperteile haben unterschiedliche Funktionen und unser Organismus schafft es sogar, mit nur einer Niere auszukommen oder sogar mit einem amputierten Bein. Aber letztlich fühlen wir uns nur »ganz«, wenn alles miteinander funktioniert und wir gesund sind. Dann ist es so wie mit diesem Puzzle … es ergibt ein Gesamtbild: der ganze Mensch!

Deshalb werfen wir mal einen Blick auf euer Puzzle. Ihr seid schon recht weit gekommen / ihr seid schon fertig. Wir können langsam erkennen / wir erkennen *(hier das Motiv benennen).*

(Der Sprecher interviewt ein paar von den Puzzle-Bauern.)

Wie ist es dir ergangen? War es schwierig? Was war die größte Schwierigkeit? Worin lag die Herausforderung? Wie habt ihr das hinbekommen? Etc.

Vielleicht habt ihr euch gefragt, warum ihr nicht miteinander sprechen durftet … Unser Körper arbeitet auch recht unbemerkt. Vor allem nachts, wenn wir schlafen. Da ruht unser Körper nicht wirklich. Alle Funktionen sind in Betrieb. Wir brauchen nur die Augen aufzuschlagen und schon sind wir wieder auf Sendung. Wir werden wach und spüren direkt unsere Bedürfnisse, ob wir Durst haben oder zur Toilette gehen müssen. Das Herz schlägt immer – wir könnten mit Blick auf die Pfarrei sagen: Gott ist das Herz, das immer schlägt.

Als Gemeinde haben wir aber einen Vorteil! Wir dürfen kommunizieren. Und selbst, wenn wir nichts sagen, sprechen wir doch eine Sprache: die Sprache unserer Blicke und Gesten. Wichtig ist, dass wir immer das gemeinsame Tun vor Augen haben. Daher danke ich euch für euer Puzzle und dass es tatsächlich im Schweigen geklappt hat. Schön, wenn wir als Gemeinde genauso zusammenwachsen und funktionieren. Nicht umsonst sagt Jesus, dass wir alle eins sein sollen.

56 Sei gepriesen für die Früchte der Erde!
– Speisesegnung vor / an Ostern (»Fleischweihe«)

Bibelstellen: Psalm 145 / Jakobus 5,7–8 / 17–18 / Matthäus 6,25–35
Symbol: Korb mit Eiern, Brot, Wurst, Schinken, Käse, Milch, Butter, gebackenes Osterlamm

Handlung

Im Altarraum oder an einer besonderen Stelle der Kirche stehen die Körbe mit Lebensmitteln. Im Laufe der Ansprache werden drei herausgriffen: ein gebackenes Osterlamm, bunt gefärbte Eier, Brot.

Predigtimpuls

Wenn man den Schinken hier vorne riecht … mhmmm … da bekommt man richtig Hunger! Nach all den Wochen Fastenzeit … Ich würde mir ja gerne den schönsten von all den Körben aussuchen … Aber wenn wir ehrlich sind: Die Fastenzeit ist nicht mehr so, wie das früher mal war. Denn: Wir werden ja jetzt an Ostern nicht zum ersten Mal wieder etwas Fleisch und Eier essen! Im Grunde steht uns ja das ganze Jahr über alles immer zur Verfügung. Dafür dürfen wir auch wirklich dankbar sein.

Aber in diesen Tagen vor Ostern wird uns bewusst, das bestimmte Nahrungsmittel eine besondere Bedeutung haben. Ich möchte nur Brot, Eier und das gebackene Osterlamm einmal herausgreifen. Warum gerade diese drei?

Wir bringen uns ja manchmal auch Andenken mit von unseren Urlaubsorten. Manche etwas Sand und ein paar Muscheln vom Strand, an dem sie waren. Andere einen Stein aus dem Gebirge, in dem sie gewandert sind. Wieder andere einen Kräuterlikör oder guten Wein von der Region, in der sie Urlaub gemacht haben. So ähnlich ist es mit den drei Lebensmitteln. Es sind auch »Andenken«, sie lassen uns an (!) etwas denken (!).

Das Brot führt uns zu einer ganz alten Geschichte des Volkes Israel. Bis heute feiert man in Israel das Pessach oder auch Pascha als das »Fest der ungesäuerten Brote«. Das jüdische Volk erinnert sich daran, dass es sehr hektisch zu ging, als man aus Ägypten auswanderte. Die Bibel nennt dieses Ereignis »Exodus«. Damals musste man ganz rasch Brot backen, einfaches Fladenbrot, ohne Sauerteig, damit es länger hält. Es ist das Brot des Aufbruchs. Es erinnert uns aber auch daran, dass Jesus mit seinen Freunden ein Mahl hielt, bei dem er das Brot brach und es ihnen gab. Dabei sagte er: Wenn ihr das Brot teilt und davon esst, dann denkt an mich. Ihr dürft euch gewiss sein, dass ich dann bei euch bin.

Das zweite Symbol sind die Eier hier. Wir nennen sie an Ostern bewusst »Ostereier«, malen sie bunt an. Sie sind Zeichen des Lebens, denn ein Küken muss die harte Schale durchbrechen und sich befreien, damit es leben kann. Bei unserer Geburt schlüpfen wir zwar nicht aus einem Ei und durchbrechen keine Schale, aber eigentlich ist der Vorgang ins Leben hinein sehr ähnlich. Die Bibel erzählt uns von dem Grab, in dem Jesus begraben wurde. Er durchbricht die Mauer des Todes, den schweren Grabstein, und tritt aus dem Dunkel der Grabeshöhle heraus. Das klingt für manche wie ein Märchen. Aber das ist unser Glaube: Da hat einer – Jesus – den Tod hinter sich gelassen. Und wir hoffen das ja alle für uns, dass wir nicht im Tod bleiben, wenn wir mal gestorben sind. Sondern, dass es irgendwie weitergeht. Wie – das weiß keiner so genau. Die bunten Eier erinnern uns an die Schönheit, die bunte Vielfalt des Lebens. Und … beim jüdischen Pessach gehören sie auch zum Festmahl dazu!

Und da ist noch das dritte Symbol – ein gebackenes Osterlamm. Das ist vielleicht nicht in jedem Korb. Aber ich fand es immer schön, wenn es an Ostern irgendwo auf dem Tisch stand. Das Osterlamm hat auch mit dem jüdischen Essen zu tun, von dem ich eben sprach. Nur dass es ein echtes kleines Lämmchen war, das gebraten wurde. Bei der Auswahl des Lammes waren die Juden sehr streng. Wenn die eigene Familie zu klein war für ein Lamm, sollte man es mit den Nachbarn zusammen essen. Dieses Lamm vergoss sein Blut in der Nacht der Befreiung. Das ist der Grund, warum Jesus sagt: Ich werde auch verbluten – am Kreuz. Aber ich lasse mein Sterben zu, damit ihr befreit werden könnt. Damit meinte er: Wenn man sich selbst treu bleiben will, muss man manchmal für eine Überzeugung sogar sterben.

Mit diesen Nahrungsmitteln in euren Körben geht ihr nach Hause. Und wir sprechen wie unsere jüdischen Vorfahren vor dem Essen an Pessach ein Gebet. Es lautet ziemlich ähnlich:

Sei gepriesen, Herr, unser Gott, Schöpfer der Welt für Brot und Wein, für alle Lebensmittel, die uns die Natur schenkt. Sie sind Früchte der Erde und der menschlichen Arbeit! Wir bringen all dies aus Dank vor dich, damit du sie segnest und wir dir von Herzen danken können! Amen.

Gebet © Rainer M. Müller

57 Echte Bodenschätze sind nicht unbedingt aus Gold! – Erntedank

Bibelstellen: Psalm 145 / Jakobus 5,7–8 / 17–18 / Matthäus 6,25–35
Symbol: Erntekorb, Schubkarre mit frischer Erde (vom Bauern), Kühlbox mit Lebensmitteln

Handlung

Einen Schubkarren voller Erde in den Altarraum stellen und eine Kühlbox mit einigen Lebensmitteln oben drauf. *(Wo das nicht möglich ist, wird während der Ansprache der Erntekorb sichtbar vor den Altar gestellt.)*

Predigtimpuls

In der Regel wird ja an Erntedank hier vorn im Altarraum ein Erntekorb mit vielen Früchten, mit Gemüse, mit Brot und Eiern, mit Blumen und Kräutern aufgebaut. Heute haben wir ausnahmsweise mal noch diesen Schubkarren mit frischer Erde dazugestellt. Und diese Kühlbox. Sie steht für unseren Kühlschrank zuhause. Es ist ja auch wirklich bequem, wenn man Hunger oder Durst hat, einfach an den Kühlschrank gehen zu können. Kühlschrank auf und Kühlschrank zu – es ist immer was da. Gott sei Dank!

Jetzt könnten wir auf die Tränendrüse drücken und allen ein schlechtes Gewissen machen, indem wir an die Menschen in den Ländern erinnern, wo das nicht so ist. Oder wir könnten auf die Umweltproblematik hinweisen und wie viele Lebensmittel sinnlos verschwendet werden, vor allem Brot. Wir könnten auch daran erinnern, wie viele chemische Zusatzstoffe mittlerweile bei der Aussaat oder Produktverarbeitung verwendet werden … – All das könnte unser Thema sein. Aber das wisst ihr ja ohnehin.

Es geht auch gar nicht um ein schlechtes Gewissen. Sondern mir geht es heute um das Wort »Bodenschatz«. Bis heute gibt es in ländlichen Regionen Menschen, die einen besonderen Beruf haben oder als Ehrenamtliche eine besondere Tätigkeit ausüben. Sie arbeiten als Bodenschätzer! Was machen sie konkret? Mit einem »Bohrstock« bohren sie in den Boden etwa einen Meter tief hinein und entnehmen eine Bodenprobe. Wo das nicht reicht, schneiden sie sogar »Bodenschnitt« aus dem Acker heraus. Dann wird Schicht für Schicht untersucht. Man schätzt den Wert des Bodens, d. h. die Qualität und die Möglichkeiten der Nutzung. Spannend!

Unsere Früchte und Gemüsesorten, das Getreide und auch das Wasser sind echte Bodenschätze. Und sie können nur gedeihen, wo ein guter Boden ist. Also ohne den Ackerboden als Basis geht da gar nichts. Viele denken beim Stichwort »Bodenschätze« immer an Gold oder andere wertvolle Steine. Aber auf diesem Ackerboden – besser in (!) diesem Ackerboden – gedeiht alles, was wir zum Essen und Trinken nutzen können.

Das Wort »Schatz« sagt uns aber auch, dass wir den Wert des Bodens schätzen sollten! So wie die Bodenschätzer, die das mit technischer Unterstützung tun. Wir brauchen allerdings weder einen Computer noch eine besondere Software dazu. Es reicht einfach, dass wir keinen Müll auf den Boden werfen, ihn nicht mit Zigarettenkippen verdrecken, kein Öl oder andere flüssige Gifte ausgießen und den Boden nicht überbeanspruchen.

Heute an Erntedank sagen wir deshalb DANKE für alles, was uns geschenkt ist. Bis heute feiern Q'ero-Indianer aus den Anden Perus regelmäßig ein besonderes Ritual. Sie bringen ihrer Erdgöttin – der »Pachamama« – ein Gebetsbündel dar. Aus Wertschätzung und Dankbarkeit, weil sie allen Lebewesen in der Natur – ob Pflanze, Tier oder Mensch – das Leben schenkt.

Wir sagen ja auch umgangssprachlich »Mutter Erde«, weil diese Erde wie eine Mutter alles Leben schenkt und hervorbringt. Aber als Christen bringen wir unseren Dank vor Gott, von dem wir glauben, dass er uns diese Welt anvertraut hat. Daher legen wir jetzt auch ein paar Kräuter, zwei, drei Früchte und etwas Gemüse auf die Erde hier und wollen Gott danken.

(Das folgende Lied kann nach der Melodie »Danke für diesen guten Morgen« gesungen werden:)

Danke für diese gute Erde,
danke für alles, was hier lebt,
danke für jedes Wort »Es werde!«,
weil's uns hier gut geht!

Danke für Äpfel, Birnen, Rüben,
danke für unsern Kopfsalat,
danke für alles hier und drüben,
für uns liegt es parat.

Danke für die Getreidefelder,
danke fürs Roggen-Dinkel-Brot,
danke für unsere grünen Wälder,
niemand leidet Not.

Danke für alle guten Samen,
danke für Sonnenschein und Regen,
danke, für das, was wir bekamen,
mit deinem großen Segen.

Liedtext © Rainer M. Müller

58 Gesund an Leib und Seele!
– Maria Himmelfahrt (15. August)

Bibelstellen: Genesis 2,4–15 / Psalm 104 / Lukas 11,27–28
Symbol: Gläser mit verschiedenen Kräutern (Johanniskraut, Baldrian, Frauenmantel, Lavendel usw.)

Handlung

Auf einem Tisch im Altarraum befinden sich mehrere Gläser (Marmeladengläser) mit verschiedenen Kräutern darin. Ein Mörser mit Stößel steht auch bereit.

Predigtimpuls

»Dagegen ist noch kein Kraut gegen gewachsen!« – vielleicht kennen manche Gottesdienstbesucher noch diesen alten Spruch. Dabei sprießen die Kräuter und Heilpflanzen nur so aus dem Boden. Die hl. Hildegard von Bingen hatte schon ihre Freude an all diesen Pflanzen: Johanniskraut, Baldrian, Frauenmantel, Brennnessel, Liebstöckl, Rosmarin, Beinwell, Lavendel usw. Die Liste ist unendlich lang.

Aber ein Kraut gegen das Sterben oder den Tod gibt es noch nicht. Oder vielleicht doch? Vielleicht doch im übertragenen Sinne! Unser Glaube an die Auferstehung Jesu ist wie ein Kraut gegen den Tod, gegen alles Unheil, das wir so erleben. Und weil Maria als Mutter uns Jesus geschenkt hat, haben früher die Menschen das Fest Maria Himmelfahrt immer auch mit den vielen Heilkräutern in Verbindung gebracht. Zugegeben, der Zusammenhang ist auf den ersten Blick etwas seltsam! Aber durch Jesus profitieren wir vom Heilsgeschehen, er ist sozusagen die Medizin gegen Hoffnungslosigkeit und Resignation.

In manchen alten Klöstern finden sich noch schöne Kräutergärten. Da duftet es wie hier zum Beispiel nach Lavendel.

(Der Sprecher nimmt etwas Lavendel und zerkleinert ihn im Mörser mit dem Stößel. Er reibt dann die Lavendelkörner zwischen den Fingern und bringt die Schale zu den Leuten, lässt sie daran riechen.)

So ein Garten mit Blumen, Heilpflanzen und Bäumen ist wie ein Bild für das Paradies. Das ursprüngliche Wort für Paradies stammt aus dem

Iran (»Dschannat-Adan«) und bedeutet tatsächlich nichts anderes als Garten – der berühmte »Garten Eden«. Wir kennen den sog. Paradiesmythos, in welchem uns erzählt wird, wie der Mensch wegen einer Regel-Überschreitung diese schöne Heimat aufgeben musste. Es ist ein Sinnbild für den Zustand, in dem wir in dieser Welt leben. Wir haben viel durch Krieg, Terror, Naturkatastrophen, Umweltverschmutzung verloren, was einmal das »Paradies« war.

Der heutige Festtag sagt uns auch: Maria hat uns quasi die Tore zum Paradies wieder geöffnet. In ihrer Bereitschaft, für Gott da zu sein und Jesus das Leben zu schenken, hat sie ganz viel wieder in Ordnung gebracht – so wie Mütter eben manchmal sind, wenn sie das Chaos aufräumen, dass die Kinder und der Mann hinterlassen haben. Indem sie aber nun auch in den Himmel aufgenommen wird, erhalten auch wir die Zusage, dass wir dort nach dem Tod eine Heimat finden, selbst wenn es auf der Erde weiter drunter und drüber geht und ... gegen den Tod eben doch noch kein irdisches Kraut gewachsen ist.

An vielen Orten ist die Kräutersegnung leider ganz aus der Mode gekommen. Dabei nutzen wir bestimmte Kräuter bei der Zubereitung unserer Speisen, andere nutzen wir zum Teekochen, wieder andere wie z. B. der Baldrian sind schon lange Teil unserer Medikamente, die wir so selbstverständlich nutzen. Daher wollen wir heute ganz bewusst diesen alten Brauch aufgreifen und der Schöpfung und Gott danken für die Kräuter und Heilpflanzen und sie gutheißen, also segnen!

Kräutersegen

Großer Gott, du Gott unserer Welt, dieser Schöpfung,
du hast uns ein wunderbares Geschenk gemacht:
die vielen Kräuter und Heilpflanzen,
die Gräser und Blumen,
Sträucher und Beeren – die Bäume – einfach alles,
was wächst und gedeiht!
Wir sagen dir Dank dafür und bitten dich:
Segne + diese Kräuter und lass sie in unseren Speisen,
im Tee, in den Bädern und den Medikamenten ihre Wirkung entfalten,
damit wir heil an Geist, Leib und Seele werden.
Lass uns festhalten am Glauben, dass Jesus selbst unser Leben heilt

durch die Hoffnung, die uns geschenkt ist.
Er hat allen Schmerz und den Tod überwunden
und uns dadurch Mut gemacht für unser Leben!
Dafür danken wir dir Jesus Christus, unserem Herrn.
Amen.

Gebet © Rainer M. Müller

(Der Sprecher besprengt mit Weihwasser nun die Kräuter auf dem Tisch, aber auch die Kräuterbüschel, die die Gläubigen mitgebracht haben.)

59 Etwas zum Festhalten
– Kreuzerhöhung (14. September)

Bibelstellen: 2. Korinther 11,24–27 / Kolosser 2,14 / Matthäus 7,1–5
Symbol: ein kleiner Holzsplitter, Lupe, dunkles Stück Stoff

Handlung

Der Sprecher geht mit Beginn der Ansprache zu einzelnen Gottesdienstteilnehmern und zeigt ihnen einen kleinen Holzsplitter auf einem dunklen Stück Stoff. Um den Splitter sichtbar zu machen, kann er ihn mit der Lupe vergrößern.

Predigtimpuls

Die können verdammt wehtun, diese kleinen Splitter! Und du siehst sie auch kaum! Einmal ein Stück Holz ungeschickt angefasst … und zack … ist einer in der Haut. Manchmal muss man sogar eine Lupe nehmen und die Pinzette, wenn man den wieder rauskriegen will. Gar nicht so einfach! Diese Holzsplitter!

In der Bibel weist Jesus uns auch auf einen Holzsplitter hin. Es geht um den Holzsplitter im Auge, den man bei einem anderen Menschen immer direkt entdeckt – aber den Holzbalken im eigenen Auge – den übersieht man zu oft. Gemeint sind damit unsere Macken und Fehler, unsere schrägen Seiten und Eigenheiten, die wir so an den Tag legen. Doch man kann diesen Holzsplitter auch einmal ganz real unter die Lupe nehmen. Denn es gab ihn in echt. Es war die Kaiserin Helena, die von ihrer Pilgerreise im Jahr 325 aus Jerusalem ein Stück vom Holzbalken des Kreuzes mitgebracht haben soll, an dem Jesus starb. So wird es jedenfalls in zahlreichen Legenden erzählt. An vielen Orten werden deshalb Splitter vom Kreuz Jesu verehrt. Das hier ist natürlich kein echter Splitter.

Es gibt aber noch eine Holzgeschichte in der Bibel, nur dass diesmal nicht von einem Splitter die Rede ist, sondern tatsächlich von einem Holzbalken. Paulus erzählt von all den Erlebnissen, die für ihn gefährlich waren und ihn ganz oft schon fast das Leben gekostet hätten. Im 2. Brief an die Gemeinde von Korinth schreibt er: »Ich ertrug mehr Mühsal, war häufiger im Gefängnis, wurde mehr geschlagen, war oft in Todesgefahr. Fünfmal erhielt ich von Juden die vierzig Hiebe weniger einen; dreimal wurde ich ausgepeitscht, einmal gesteinigt, dreimal erlitt ich Schiffbruch, eine Nacht und einen Tag trieb ich auf hoher See. Ich war oft auf Reisen, gefährdet durch Flüsse, gefährdet durch Räuber, gefährdet durch das eigene Volk, gefährdet durch Heiden, gefährdet in der Stadt, gefährdet in der Wüste, gefährdet auf dem Meer, gefährdet durch falsche Brüder. Ich erduldete Mühsal und Plage, viele durchwachte Nächte, Hunger und Durst, häufiges Fasten, Kälte und Nacktheit.« (2. Korinther 11,24–27) Bei der Schilderung, dass er Schiffbruch erlitten habe und eine Nacht und einen Tag auf hoher See dahintrieb, da erzählt man sich, dass er sich an einem Holzbalken festgehalten habe. Und wie Legenden eben so sind, mag er gedacht haben, dass ihn nun der Querbalken des Kreuzes vorm Untergehen rettete. Ob es so war, wissen wir nicht.

Viele ältere Menschen stützen sich beim Spazieren auf Holzstöcke. Die Hirtenstäbe der Bischöfe sind in der Regel aus Holz, die Hirtenstöcke der Schafshirten ebenso. Ein Holzsplitter kann uns manchmal eine Entzündung bescheren oder abfackeln wie die 1300 Holzbalken des Daches der Kathedrale Nôtre Dame von Paris im Jahr 2019. Aber wir bauen mit Holz auch wunderschöne Häuser, Dächer, Schiffe und gestalten aus diesem Naturmaterial Skulpturen. Holz ist ein lebendiges Material und zugleich fest und stabil. Als Gehstock richtet es uns im wahrsten Sinne des Wortes auf. Wir können uns daran festhalten – wie in der Legende von Paulus.

Einen Splitter des Holzkreuzes aufzuheben, mag seltsam sein. Vor allem dann, wenn man nicht weiß, ob er wirklich vom Kreuz Jesu stammt. Aber wenn ich mir überlege, dass wir so vieles aufheben, was uns an bestimmte Orte, Situationen und Menschen erinnert, dann können wir auch getrost ein Stück Holz aufheben und daran erinnern: Es stützt und trägt in Krisenzeiten. Das Kreuz nimmt uns sogar einiges an Belastung ab. Paulus beschreibt das so: Christus »hat den Schuldschein, der gegen uns sprach, durchgestrichen und seine Forderungen, die uns anklagten, aufgehoben. Er hat ihn dadurch getilgt, dass er ihn an das Kreuz geheftet hat.« (Kolosser 2,14)

Das dürfen wir auch. Denn wenn wir heute das Fest »Kreuzerhöhung« feiern, dann denken wir an Jesus Christus, der an diesem Holzbalken gestorben ist und quasi in seinem Lebens-Rucksack alles das von uns mitgenommen hat, was uns wie Altlasten quält. Wir dürfen uns am Holzbalken festhalten und alles daran heften, was unser Leben schwer macht.

60 Beförderung auf einen Sockel?
– Allerheiligen (1. November)

Bibelstelle: 1 Johannesbrief 3,1–3 / Matthäus 5,1–12a
Symbol: Heiligenfigur, Leiter

Handlung

Zu Beginn der Ansprache steigt der Sprecher auf eine Leiter, die vor einer Heiligenfigur in der Kirche steht, und trägt die Figur *(sollte tragbar, nicht zu schwer sein)* hinunter und stellt sie im Altarraum auf den Boden. Es können auch noch ein paar Personen helfen. Sollte die Figur zu schwer sein, kann man auch eine kleinere Holzfigur *(50 cm hoch)* nehmen. Während der Ansprache entwickelt der Sprecher ein kurzes Gespräch mit der Heiligenfigur. Dazu braucht es eine zweite Person mit Funkmikro *(oder zumindest an einem anderen Mikro).*

Predigtimpuls

Die ist ganz schön schwer … *(hebt die Heiligenfigur auf und stellt sie auf den Altar, falls nötig mit einem Helfer)* So Heilige haben es aber auch nicht leicht. Stellen Sie sich das mal vor: Sie müssen immer auf einem Sockel stehen, das Gold muss glänzen, der Kopf darf nicht mit Spinnenweben übersät sein, sie sollen nicht eingestaubt sein … Heilige müssen irgendwie immer so sein, wie wir sie uns denken und haben wollen. Als ob die alle immer so ausgesehen hätten … Und vor allem: Als ob die alle so komisch dastehen würden. Und diese Klamotten … Ehrlich gesagt: Ziemlich schräg – aber typisch 17. und 18. Jahrhundert.

Aber heute an Allerheiligen, da denken wir an sie. An die vielen Männer und Frauen der rund 2000-jährigen Kirchengeschichte. Warum hat man Menschen eigentlich »heilig« gesprochen? Wozu soll das gut sein? Vielleicht können wir unsere Heiligenfigur einmal fragen …

Sprecher: Hallo! *Heilige N.N. / Heiliger N.N.*!

Figur: *(Name des Sprechers)*

Sprecher: Ich habe dich mal vom Sockel hier nach vorn geschleppt.

Figur: Das ist sehr nett von dir. Da oben sieht mich ja keiner so richtig.

Sprecher: Und du verstaubst ganz schön.

Figur: Bist du so nett und machst mal die Spinnenwebe vom rechten Ohr weg, ich hör so schlecht …

Sprecher: *(arbeitet am rechten Ohr mit einem kleinen Staubwedel)*

Figur: Dankeschön.

Sprecher: Bitte, gern. Sag mal … wie ist das so als Heilige/r?

Figur: Langweilig.

Sprecher: Wie, langweilig?

Figur: Ich hab' mir das mit diesem Sockel nicht ausgesucht! Was soll ich da oben?

Sprecher: Wo wärest du denn lieber?

Figur: In den Gedanken und Herzen der Menschen.

Sprecher: Manche denken ja auch an dich.

Figur: Klar, an meinem Festtag. Aber sonst … eher nicht. Oder wenn sie was brauchen.

Sprecher: Weil sie dann mit einer Bitte zu dir kommen?

Figur: Genau. Wehe ich erfülle die dann nicht. Ich bin doch kein Wunschkonzertautomat!

Sprecher: Also sind Heilige gar nicht für unsere Bitten zuständig?

Figur: Eigentlich nicht. Weiß gar nicht, wer mit dem Mist begonnen hat.

Sprecher: Oh, jetzt werden hier viele Leute leicht verärgert sein …

Figur: Ja, denken die denn nicht mal nach? Wir haben diesen komischen gelben Ring auf den Kopf bekommen, weil ein paar Leute dachten, wir hätten alles im Leben richtig gemacht. Und jetzt säßen wir bei Gott am Konferenztisch und bearbeiten den ganzen Tag nur Wünsche, Anliegen, Bitten, Beschwerden und so ein Zeug.

Sprecher: Und das macht ihr nicht?

Figur: Ich nicht. Sehe ich gar nicht ein. Erstens sind die Leute alt genug, ihr Leben selbst in die Hand zu nehmen. Zweitens können sie ihre Bitten ja auch direkt Gott anvertrauen. Der hat ein wahnsinnig großes Gedächtnis und vergisst nix.

Sprecher: Mhm, also dein Kollege, der hl. Antonius, bringt auch keine verlorenen Sachen mehr zurück? Und der hl. Blasius bewahrt nicht wirklich vor Halskrankheiten?

Figur: Also ob es so oder so ist, weiß ich nicht. Aber ich wehre mich dagegen, auf so einen Sockel gestellt zu sein! Ich wehre mich auch dagegen, ein lupenreines polizeiliches Führungszeugnis vorweisen zu können! Keiner von uns Heiligen war perfekt. Wir hatten alle unsere Macken und Schwächen.

Sprecher: Ich verstehe. Wozu gibt es euch dann?

Figur: Wir haben versucht, unser Leben aus dem Glauben heraus zu gestalten. Mehr oder weniger ist uns das gelungen. Wenn also einer eine Anregung sucht, dann kann er sich an einem oder einer von uns orientieren.

Sprecher: Also seid ihr so was wie »Leuchttürme« in der Welt?

Figur: Nun, wenn du so willst, ja!

Sprecher: Heilig zu sein ist also keine Beförderung, sondern eher die Aufgabe, Vorbild zu sein.

Figur: Vorbild klingt schon gleich wieder so erwartungsvoll. Sagen wir: Wir wollen inspirierend sein.

Sprecher: Ok. Kann ich nachvollziehen … – Danke jedenfalls mal für die Klarstellung. Eine Frage noch, so ganz unter uns: Wo stell ich dich jetzt denn hin?

Figur: Zur Abwechslung mal an den Ausgang der Kirche. An die Tür. Dann können die Leute beim Vorbeigehen noch mit mir plaudern …

Sprecher: Gute Idee, machen wir so!!!

(Sprecher trägt die Figur an den Ausgang der Kirche)

61 Kann man eine Seele messen?
– Allerseelen (2. November)

Bibelstellen: Psalm 42 / Psalm 62 / Psalm 63 / Psalm 103 / Lukas 1,46–56 / Apostelgeschichte 2,22–36
Symbol: Küchenwaage

Handlung

Der Sprecher stellt eine Küchenwaage sichtbar in den Altarraum. Er legt mehrere Gegenstände hinein / darauf und nennt das Gewicht: Kännchen mit Wein … xx Gramm, 10 Hostien … xx Gramm usw.

Predigtimpuls

Was denken Sie? Was wird wohl die Seele wiegen? Eine verrückte Frage? Nicht wirklich! Es gab tatsächlich mal einen amerikanischen Arzt namens Duncan MacDougall, der 1906 das Gewicht von sechs sterbenden Patienten kurz vor und direkt nach dem Tod wog. Er machte das Experiment auch bei Hunden und Mäusen, aber diese Ergebnisse verliefen ergebnislos. Bei den Menschen stellte er allerdings eine kleine Gewichtsveränderungen fest. Nach seinen Angaben waren es durchschnittlich 21 Gramm. Die Experimente von McDougalls gelten heute als unwissenschaftlich. Aber die Idee fasziniert bis in unsere Tage so sehr, dass sogar Quantenphysiker es für möglich halten, dass die Seele so etwas wie eine gasförmige Masse ist, die nach dem Tod des Menschen dessen Körper verlässt.

Wir wissen es nicht. Die Frage ist offen. Der Glaube sagt ja, dass die Seele im Todesmoment den Körper verlässt und zu Gott heimkehrt. Es bleibt der Leib zurück. Früher dachten die Menschen auf dem Land, dass die Seele sich irgendwie verirren könnte. Deshalb haben sie kurz vor dem Tod die Fenster des Sterbezimmers geöffnet, haben in der Küche die Töpfe rumgedreht und Gefäße bzw. Flaschen verschlossen, damit sich die Seele nirgendwo darin verfangen kann.

Heute, an Allerseelen, denken wir an unsere Verstorbenen. Gestern schon kamen die Familien zusammen und viele sind gemeinsam auf den Friedhof zu den Gräbern ihrer Angehörigen. Von vielen Menschen weiß ich, dass sie bei solchen Familienzusammenkünften alte Geschichten erzählen. Gute und weniger gute Erlebnisse. Manche Tränen fließen, aber es wird auch viel gelacht. Ich denke, dass auf diese Weise die Zusammenkünfte auch durch die verstorbene Person beseelt werden, um die man trauert. Eine Seele kann man weder einfangen, noch auf einer Waage bemessen. Die Seele ist eine gefühlte Wirklichkeit in jedem und jeder von uns.

In der altgriechischen Sprache heißt Seele »psyche« (gesprochen: psychä). Wir kennen das Wort von Psychotherapie oder Psychologie. Aber das Wort hat noch eine andere Bedeutung: Es heißt »Schmetterling«. Die Menschen sprachen damals vom »Windhauch« oder vom »Nachtfalter«, wenn sie von der Seele sprachen. Ich denke, dass unsere Verstorbenen immer in uns sind, uns umgeben. Und dass im Zustand des Sterbens und der Endlichkeit des Todes alles von ihnen abfällt. Sie werden leicht wie ein Schmetterling, sie umgeben uns wie ein Flügelschlag eines Nachtfalters.

Nein, man kann die Seele nicht mit Gewichten erfassen. Wir können sie auch nicht einfangen wie ein Schmetterlingsfänger. Die Seelen der Toten umgeben uns mit einer neuen Leichtigkeit, viel weniger als 21 Gramm! Oder, um mit Honoré de Balzac zu sagen: »Es gibt Menschen, die wir in der Erde begraben, aber andere, die wir besonders zärtlich lieben, sind in unser Herz gebettet.« Und genau dort gehören die Seelen unserer Toten auch hin: in das Herz unserer ständigen Erinnerung.

62 Heute wäre er ein Zeitverschenker!
– Hl. Martin (11. November)

Bibelstelle: Matthäus 25,31–40
Symbole: Gutscheine

Handlung

Am Ende der Ansprache wird am Ausgang allen Anwesenden ein Zeit-Gutschein ausgeteilt.

Predigtimpuls

Habt ihr schon mal einen »Gutschein« geschenkt bekommen? *(Der Sprecher sammelt die Antworten: für Prepaid-Karte, bei Amazon zum Einkaufen, zum Tanken an der Tankstelle, für ein Bekleidungsgeschäft, für Kinokarten, für McDonalds oder Burger King etc.)* Gutscheine kann man innerhalb einer bestimmten Zeit einlösen und sie haben einen bestimmten Wert. Nachher beim Ausgang bekommt ihr auch einen Gutschein von den Ministranten geschenkt – auch eure Eltern. Für jeden gibt's heute einen Gutschein!

Aber dieser Gutschein ist anders als alle anderen bisher! Es ist ein Zeit-Gutschein. Und dieser Gutschein ist nicht für euch selbst, sondern für jemanden, den ihr damit beschenken könnt. Hier habe ich so ein Exemplar:

GUTSCHEIN

über ___ Stunden Zeit

für

(Vorname, Name)

von

(Vorname, Name)

Da steht: Gutschein über – dann kommt eine leere Stelle – Stunden Zeit. Da muss man eine Zahl einsetzen, z. B. zwei oder drei oder zehn Stunden. Das ist die Zeit, die du verschenken willst. Dann steht da: »für« – da muss dann eingetragen werden, wem du den Gutschein schenken möchtest. Und in der letzten Zeile steht noch: »von« – da kommt dann dein Name hin. Wenn du magst, kannst du auch noch das Datum einsetzen.

Dieser Gutschein hat sehr viel mit dem Martinsfest zu tun, das wir heute feiern! Die Geschichte vom hl. Martin kennt ihr ja schon / habt ihr eben gehört. Der hl. Martin hat dem Bettler auch etwas geschenkt. Einen Teil seines Umhangs. Viele Menschen geben ganz regelmäßig etwas an bedürftige Menschen ab: Geld, Lebensmittel, auch Kleidung, manchmal sogar alte Möbel. Es gibt sogar hin und wieder eine Aktion, bei der Kinder ihre Spielsachen verschenken. Finde ich auch klasse!

Aber heute möchte ich euch einladen, dass ihr irgendjemandem einen Zeit-Gutschein schenkt! Ihr wisst ja selbst wie das ist, wenn ihr was erzählen möchtet, und keiner der Erwachsenen hört zu, weil er keine Zeit hat. Oder ihr wollt ein Spiel spielen und niemand von den Nachbarskindern hat Zeit, weil sie Hausaufgaben machen müssen.

Zeit ist etwas ganz Kostbares! Wenn der hl. Martin heute noch mal durch unser Land fahren würde – heute würde er ja nicht mehr auf einem Pferd reiten –, dann würde er sich wahrscheinlich den Menschen zuwenden und ihnen Zeit schenken. Zeit zum Zuhören, zum Trösten, zum Helfen, Zeit einfach zum Anpacken, wo es Hilfe braucht, Zeit zum Dasein. Er würde am Krankenbett sitzen oder dort, wo jemand stirbt; er würde dir bei den Hausaufgaben helfen und dir zuhören, wenn es dir nicht gut geht.

Und du? Wem wirst du wohl den Zeitgutschein schenken? Und wofür wirst du ihm oder ihr Zeit schenken?

63 Ist aber einer von euch krank …
– Hl. Elisabeth (19. November)

Bibelstellen: Jakobus 5,13–16 / Markus 2,13–17
Symbol: Krankenöl

Handlung

Nach der Ansprache werden die Kranken von einem Priester mit Krankenöl gesalbt. Das Öl steht zuvor in einem schönen Gefäß auf einem Tisch vor dem Altar.

Predigtimpuls

Es tut uns allen gut, wenn wir uns regelmäßig eincremen. Im Winter, wenn die Haut trocken und rissig wird; im Sommer als Schutz gegen die Sonneneinstrahlung; nach einer schweren Arbeit, wenn wir die Hände eincremen, und natürlich die Schönheits- und Antifaltencremes, wenn wir merken, dass wir mit dem Alter so unsere Problemchen haben. Die gibt es ja mittlerweile auch für Männer.

In der Antike wurden Menschen auch nach dem Tod noch einbalsamiert. Vor allem im alten Ägypten geschah das als Vorstufe zur Mumifizierung. Man wollte jemanden länger »haltbar« machen. Viele Salben mit Kräutern haben im Laufe der Jahrhunderte Eingang in unsere Hausapotheke gefunden. Sie helfen, dass Wunden schneller heilen oder Entzündungen abschwellen.

Das Einölen und Eincremen gab es aber auch bei den Kämpfen in den Arenen. Man sieht das manchmal in alten Filmschinken. Da glänzen die Gladiatoren goldgelb. Es hatte nur einen Sinn: Die Gegner sollten sie nicht zu greifen bekommen, sondern immer wieder abrutschen.

Am heutigen Elisabethfest (Elisabethsonntag) ist es eine schöne Tradition in der Kirche, dass wir die Kranken und älteren Menschen einladen, sich die Krankensalbung schenken zu lassen. Aber auch jene, die in der Seele gekränkt sind, können die liebevolle Zuwendung im Sakrament der Salbung empfangen.

Die heilige Elisabeth lebte auf der Wartburg in Thüringen. Nach dem Tod ihres Mannes und ihrer Söhne stellte sie ihr ganzes Leben in den

Dienst der Kranken und Armen. Sie hat die Menschen zwar nicht mit dem Öl der Krankensalbung gesalbt. Aber das Öl, das sie verschenkte, hat auf andere Weise Schmerzen gelindert. Es waren ihre liebevollen, achtsamen Worte, die sie aussprach. Sie hat Menschen ermutigt. Sie hat, wie auch Chiara von Assisi, Aussätzige gepflegt, Wunden ausgewaschen und neue Verbände aufgelegt. Sie hat Essen verteilt und Hunger gestillt. Auch so heilen Wunden des Lebens und Kränkungen, die man erleidet. Menschen, die z. B. am Rand der Gesellschaft standen oder ausgegrenzt wurden, fühlten sich in ihrer Würde ernstgenommen.

Vielen älteren, kranken Menschen geht es heute immer noch so. In vielen Kliniken ist kaum Zeit, sich intensiv den Kranken zu widmen. Alles geht nach der Stoppuhr. Unsere Pflegekräfte stehen unter enormen Druck. In kurzer Zeit müssen sie nach vielen Patienten sehen. Die Situation in der häuslichen Pflege ist auch sehr belastend für die Angehörigen.

Daher kann die Salbung, die gleich gespendet wird, für kranke und alte Menschen, aber auch für alle, die in der Betreuung tätig sind, und für solche, die vom Leben gekränkt sind, eine psychische Hilfe sein. Es heißt ja im Deutewort zur Salbung: »*Durch diese heilige Salbung helfe dir der Herr in seinem reichen Erbarmen, er stehe dir bei mit der Kraft des Heiligen Geistes: Der Herr, der dich von Sünden befreit, rette dich, in seiner Gnade richte er dich auf.*«

Die ganze Kirche bittet um die Hilfe Gottes, der mit jedem und jeder von uns Erbarmen haben möge. Der Heilige Geist wird gebeten, uns Beistand zu leisten, uns quasi die Hand zu halten, wie wir das so oft am Krankenbett auch tun. Und wir bitten um ein Aufgerichtetwerden. Das ist etwas ganz Wesentliches. Viele Menschen sind innerlich zusammengebrochen – und oft auch äußerlich, wenn der Körper schwach ist. Diese Krankensalbung soll aufrichten. Sie ist wie eine Gehhilfe, ein Krückstock … Wir können uns damit etwas stützen.

Deshalb wollen wir beten:

Heilender Gott,

dein Sohn Jesus ist auf Menschen zugegangen, die arm, krank und alt waren. Er hat Einsame aufgesucht wie jene, die am Rand der Gesellschaft standen. Aber er hatte nicht nur Mitleid mit ihnen. Er sah in ihnen immer auch mehr. Er sah ihre Würde und begegnete ihnen deshalb mit Achtsamkeit und Wertschätzung.

Öffne unser Herz und unsere Augen für die Not der Menschen. Lass uns erahnen, dass es uns auch jederzeit so ergehen kann, und dass auch wir auf Hilfe anderer angewiesen sind.

Stärke du jetzt unsere Kranken, alten Menschen und alle Gekränkten durch die heilige Salbung, die uns seit der Zeit der Apostel als Stärkung und Tröstung aufgetragen ist.

Darum bitten wir dich, durch Christus, unseren Herrn. Amen.

64 Der König ohne Thron und Krone
– Christkönigssonntag

Bibelstelle: Johannes 18,28–40
Symbol: leerer Königsthron, rotes Tuch und Krone

Handlung

Im Altarraum steht ein großer Sessel (mit Armlehnen). Ein rotes Tuch liegt darüber und verläuft bis auf den Boden (damit wird ein roter Teppich angedeutet). Auf dem Thron liegt eine Krone (von der Sternsingeraktion ausleihen).

Predigtimpuls

Er hat sie nie gebraucht. Die Krone hier. Und er hat den Thron nie gebraucht. Der Sessel blieb leer. Er war eben ein ganz anderer König als alle anderen. Aber man hat ihm sehr wohl eine Krone aufgesetzt. Eine Dornenkrone. Und einen Thron gegeben, auf den er steigen musste: das Kreuz. Hartes Holz – kein sanftes Kissen.

Der irdische Thron ist blieb also leer. Die Krone wurde nie aufgesetzt. Jesus, dessen Fest Christkönig wir heute feiern, wäre auch nie auf die Idee gekommen, sich wie Napoleon Bonaparte selbst zu krönen. So geschehen 1804 in der Kathedrale Nôtre Dame de Paris vor den Augen des Papstes. Aber Jesus wurde gefragt, ob er ein König sei. »Mein Königtum ist nicht von dieser Welt«, antwortete er Pilatus auf dessen Frage. Und er ergänzte: »Wenn mein Königtum von dieser Welt wäre, würden meine Leute kämpfen, damit ich den Juden nicht ausgeliefert würde. Nun aber ist mein Königtum nicht von hier.« Da sagte Pilatus zu ihm: »Also bist du doch ein König?« Jesus antwortete: »Du sagst es, ich bin ein König. Ich bin dazu geboren und dazu in die Welt gekommen, dass ich für die Wahrheit Zeugnis ablege. Jeder, der aus der Wahrheit ist, hört auf meine Stimme.« Wir haben den Text eben als Evangelium gehört. Eine beeindruckende Szene, der ja die große Frage folgt: »Was ist Wahrheit?«

Als das Fest Christkönig 1925 von Papst Pius XI. eingeführt wurde, geschah es ursprünglich in Erinnerung an das Konzil von Nicäa im Jahre 325 n. Chr. Doch man muss wissen, dass Jahre zuvor das Kaisertum in Europa mit dem Ersten Weltkrieg jäh zu Ende gegangen war. Der »soziale König« Christus sollte nun ein Reich ganz anderer Art repräsentieren. Es waren Jugendliche, die dann aber mit dem Zweiten Weltkrieg das Christkönigsfest als eine Art Gegenbekundung zum Führerkult des Dritten Reiches feierten. Der friedliche Christus wurde dem nationalsozialistischen Diktator gegenübergestellt. Jetzt war es an den Menschen, Position zu beziehen. Viele traten in den Widerstand – und verloren ihr Leben.

Der Thron ist leer geblieben – bis heute. Denn wir sehen, wie bis heute Regierungschefs ihre Macht missbrauchen. Jesus selbst sagt einmal: »Ihr wisst, dass die, die als Herrscher gelten, ihre Völker unterdrücken und die Großen ihre Macht gegen sie gebrauchen. Bei euch aber soll es nicht so sein, sondern wer bei euch groß sein will, der soll euer Diener sein, und wer bei euch der Erste sein will, soll der Sklave aller sein!« (Markus 10,42–44).

Mit diesem Christkönigsfest geht auch das Kirchenjahr zu Ende. Mit der Adventszeit bereiten wir uns dann wieder neu darauf vor, dass Gott in unserer Welt einen Platz finden möchte. Es sind jene Weisen aus dem Nahen Osten, die dann den neugeborenen König suchen – und in einer Futterkrippe vorfinden. Was für ein schäbiges Bild. Aber ebenso »schäbig« ist der Auftritt von denen, die ihn ans Kreuz schlagen lassen. Ein König ohne Macht. Aber wie sagte Richard Rohr, ein Franziskaner, einmal: Jesus hat die Macht der Ohnmacht erwählt, um die Ohnmacht der Macht zu enttarnen.

Deshalb muss der Thron leer bleiben und die Krone darf nie auf einem Kopf aufsitzen. Sie sind Symbole des Königs, der so ganz anders ist.

Zur Taufe

65 Nicht Prinz und nicht Prinzessin …
– Taufe I

Bibelstellen: 1 Samuel 16,1–13 / Markus 1,9–11
Symbol: Chrisam-Öl und eine kleine goldene Krone

Handlung

Während der Ansprache hält der Sprecher die kleine Krone symbolisch über den Kopf des Täuflings. Er kann den Teilnehmenden auch das Gefäß mit Chrisam-Öl reichen – zum Riechen. Es empfiehlt sich, das Öl in eine Handmulde zu füllen und damit bei der Salbung über den Kopf zu streichen.

Predigtimpuls

Wenn ein Kind zur Welt kommt, dann verändert sich ganz viel. Das erzählen junge Eltern immer wieder. Die Nächte werden mehrmals unterbrochen und damit automatisch kürzer. Man weiß manchmal nicht so recht, was das Kind genau möchte, wenn es schreit: Der Freundeskreis ohne Kinder trifft sich weiter – ohne euch, die Eltern, denn euer Tagesablauf richtet sich jetzt nach *(Vorname des Täuflings)*. Kurz: Von jetzt auf gleich verändert sich das Leben.

Manche Eltern sehen in ihrem Kind – vor allem, wenn es das erste ist – eine kleine Prinzessin oder einen kleinen Prinzen. Papa und Mama haben sich so sehr das Kind gewünscht, sich so darauf gefreut … Aber das ist auch klar, für euch ist euer / eure *(Vorname des Täuflings)* jemand ganz Besonderes. Aber … ich muss euch enttäuschen, *euer Sohn / eure Tochter* ist *kein Prinz / keine Prinzessin. Er / sie* ist viel mehr! Ich werde nach der Taufe mit Wasser nachher euer Kind mit Öl salben. Auf den Kopf werde ich Chrisam-Öl streichen. Das ist das Königsöl!

Schon im Alten Testament wird uns erzählt, dass die Könige Israels gesalbt wurden. Vielleicht habt ihr ihre Namen schon mal gehört: Saul, David und Salomo – um nur die berühmtesten zu nennen. Olivenöl wurde mit einem Gebet aus einem Füllhorn über den Kopf des Auserwählten gegossen. Bis ins 19. Jahrhundert hinein hat man noch in Europa Könige gesalbt. Dazu gab es ein eigenes Salb-Öl. Wenn wir *eure/n (Vorname des Täuflings)* gleich salben, dann aber nicht *zur Prinzessin oder zum Prinzen*, sondern zum König, Priester und Propheten in Ewigkeit.

Wir müssten eigentlich einen roten Teppich ausrollen, denn das ist schon eine sehr große Würde, die damit zum Ausdruck kommt. Was meint König, Priester und Prophet? Nun, es sind die drei Aufgaben, die ein Mensch in den Augen Gottes haben soll!

Ein König bzw. eine Königin soll regieren! Das ist logisch! Aber nicht so, wie das manche Regierungschefs heute oder grausame Könige früher gemacht haben. Der König wird in der Bibel immer mit Gerechtigkeit in Verbindung gebracht. Zum König gesalbt zu sein ist auch der Wunsch, dass euer Kind in Gerechtigkeit, Frieden und Freiheit aufwachsen kann und ihr als Eltern alles dafür macht, damit das gelingen kann.

Eue/r (Vorname des Täuflings) wird zum Priester gesalbt. Das hat nichts mit dem Priesteramt der kath. Kirche zu tun. Sondern hier geht es um das Priesterverständnis des Tempels von Jerusalem. Die Priester brachten Opfer dar, d. h. sie waren für das Gebet, für Bitten und für Dank vor Gott zuständig. Das heißt übersetzt: Jeder Mensch soll vor Gott als ein Priester dastehen, der für sein Leben dankt, aber auch Bitten vor ihn trägt. Er lobt Gott für sein Dasein, so wie ihr dankbar sein dürft für die Geburt von *(Vorname des Täuflings)*. Damit ist verbunden, dass ihr euer Kind im Glauben erzieht, d. h. auch mit eurem Kind betet. Wie kann das aussehen? Eigentlich sehr einfach. Am Ende des Tages – jetzt, wo *(Vorname des Täuflings)* noch sehr klein ist, macht ihr abends ein kleines Kreuz auf die Stirn. Ein Segenszeichen! Wenn *er/sie* dann mal größer ist, könnt ihr fragen: Was war heute schön? Wofür können wir Gott danken? Und: Was heute nicht so schön – wofür könnten wir Gott bitten?

Schließlich wird euer Kind zum Propheten gesalbt. Propheten sagen nicht das Wetter voraus. Das ist der Job von Meterologen. Propheten sind Seismografen. Sie sind wie diese Geräte, die Erdmessungen vornehmen und genau wissen, wann es ein Erdbeben gibt. Aber Propheten aus Fleisch und Blut kündigen keine Naturkatastrophen an – sie haben lediglich ein besonderes Gespür für das, was in der Welt geschieht. Sie sehen Unheil und Ungerechtigkeit, spüren Leid und mangelnde Solidarität. Propheten machen den Mund auf und sprechen auch unbequeme Dinge an. Das ist keine leichte Aufgabe.

Nein, wir salben *(Vorname des Täuflings)* nicht *zur Prinzessin bzw. zum Prinzen.* Mit dieser kleinen symbolischen Krone und diesem Chrisam-Öl *(der Sprecher hält die Krone symbolisch über den Kopf des Täuflings, er weist auf das Gefäß mit Chrisam-Öl hin, lässt – sofern es auch ein Duftöl (z. B. Rosenöl) enthält – auch mal daran riechen)* wird *er / sie* zum König, Priester und Propheten. Eine besondere Würde, eine herausfordernde Aufgabe – aber wer zu Jesus Christus gehören will, der gehört zu einem »Gesalbten«, denn Christus heißt »Gesalbter«.

So wollen wir euer Kind, *(Vorname des Täuflings)* jetzt taufen. Zuvor aber möchte ich bitten, euren Glauben zu bekennen und auch deutlich zu machen, dass ihr *(Vorname des Täuflings)* vor allem Schaden bewahren wollt.

66 Das Pluszeichen über dem Leben
– Taufe II

Bibelstellen: Philipper 2,5–11 / Markus 1,9–11 / Matthäus 28,16–20
Symbol: Plakat aus Pappkarton, Edding

Handlung

Ein größeres Plakat aus Pappe, das als Tafel benutzt werden kann. Darauf schreibt der Sprecher die mathematischen Aufgaben.

Predigtimpuls

Wenn *unsere kleine (Vorname) / unser kleiner (Vorname)* in ein paar Jahren in der ersten Klasse der Grundschule sitzen wird, werden die ersten großen Probleme der Welt auf *ihn / sie* einstürzen. Dann nämlich, wenn die große Herausforderung zu bewältigen ist, die da lautet:

3 + 5 =? oder
2 + 4 =?

So lange man alles mit den zehn Fingern rechnen kann, klappt es noch ganz gut. Oder wenn man mit Gegenständen lernt: 3 Äpfel plus 5 Äpfel sind … wie viele Äpfel? Richtig kompliziert wird es erst, wenn die zehn Finger nicht mehr reichen. *(Wenn größere Kinder anwesend sind, können diese gefragt werden, ob sie schon bis 100, bis 1000 zählen oder auch schon Multiplikationsaufgaben rechnen können.)* Doch der Gipfel der Mathematik wird dann erreicht, wenn der Mathematiklehrer etwas ganz Verrücktes an die Tafel schreibt. Nämlich:

Minus x minus = Plus
Also: – 3 x – 3 = (plus) 9

Das klingt total seltsam. Aber für einen Menschen, der an Gott glaubt, ist das Pluszeichen überhaupt nicht fremd und seltsam. Ganz im Gegenteil. Zwei kurze Gedanken zum Pluszeichen und eurem Kind, *(Vorname),* das wir heute taufen wollen.

Wir haben eben erlebt, dass wir alle ein Kreuzzeichen auf die Stirn von *(Vorname)* gemacht haben. Im Grunde ist es wie ein Plus, das wir mit dem Finger gemalt haben. Das Kreuz ist eigentlich kein schönes Zeichen, denn daran ist Jesus gestorben. Aber weil Jesus aus Liebe gestorben ist und uns sagen wollte: »Wenn du jemanden ganz toll lieb hast, dann bist du sogar bereit, für ihn oder sie zu sterben«, deshalb ist das Kreuz auch sein Segenszeichen. Segen heißt ja im Lateinischen »benedicere«, das kann man übersetzen mit »etwas gutheißen«, etwas »Gutes von jemandem sagen« (bene-dicere). Wenn wir also das Kreuz wie ein Plus auf die Stirn zeichnen, dann sagen wir zu demjenigen: Du bist gut! Ich hab' dich lieb! Du bist was Besonderes! Ich möchte daher euch, die Eltern, bitten, abends vor dem Einschlafen mit eurem Kind ein Mini-Gebet zu sprechen. Das dauert nur ein paar Sekunden. Es besteht aus dem Kreuzzeichen, dem Plus auf der Stirn und einem kleinen Satz: *(Vorname),* Gott segne dich! Er hat dich lieb! Und wir lieben dich auch!

Der zweite Gedanke, der ist tatsächlich etwas komplizierter. Da geht's nochmal darum, dass Minus mal Minus ein Plus ergibt. Aber auch das versteht der Theologe ganz gut. Denn: Das Minus steht in unserem Leben für all das, was schiefgeht. Für die Fehler, die wir machen, für die Momente, in denen wir etwas Dummes sagen oder über andere denken. Für die kleineren oder größeren Lügen, für die Enttäuschungen und Kränkungen, die wir einander bereiten. Wenn Jesus all das mit an das Kreuz nimmt, weil er sagt: Ich übernehme das, ich liebe euch so sehr, dass ich bereit bin, dafür zu sterben, dann ist sein Minus mit unserem Minus verbunden. Und daraus wird wieder etwas Positives. Die Kirche nennt das Erlösung! Aus meinem Minus, verbunden mit dem Minus des Kreuzes, wird ein Plus. Alles ist wieder gut.

Auch das möchte ich euch als Eltern gerne mitgeben: Es wird immer wieder vorkommen, dass euer Kind *(Vorname)* etwas falsch macht. Wir lernen ja ständig. Helft ihm zu verstehen, dass Fehler sein dürfen. Wichtig ist, dass wir weitermachen. Wenn *(Vorname)* schon krabbeln kann und sich langsam aufrichtet, dann wird *(Vorname)* entdecken: Ich falle hin, ich stehe auf, ich gehe weiter! Und so wird es ein ganzes Leben lang sein – das Plus dabei ist: Ich stehe wieder auf, ich gehe weiter. Jesus hat uns das vorgemacht. Das feiern wir an Ostern – die Auferstehung Jesu.

67 Das innere Kind in uns
– Taufe III

Bibelstellen: 1 Korinther 13,11–12 / Markus 10,13–16
Symbol: Figurengruppe Willow Tree (z. B. Mutter mit Kind, Vater mit Kind, Kind beim Spielen)

Handlung

Der Sprecher zeigt zunächst während der Ansprache eine der Figuren (siehe oben). Dann, gegen Ende der Ansprache, lädt er die Eltern ein, sich mit dem Kind einmal hinzustellen, und bittet alle anderen Gäste sich in einem Kreis um das Kind mit den Eltern zu positionieren.

Predigtimpuls

Wir haben alle mal klein angefangen. Eine der wichtigsten Lektionen unseres Lebens war: Wir fallen hin und stehen wieder auf. Aber wir mussten uns auch durchsetzen: durch Schreien, Strampeln, Weinen – so wie *(Vorname)*, euer Kind, das wir heute taufen wollen.

Gott sei Dank waren wir alle einmal kleine Säuglinge und mussten es aushalten, dass man uns nicht direkt verstanden hat. Gott sei Dank haben wir aber auch die Erfahrung gemacht, dass es Menschen gab, die uns geliebt haben. Menschen wie unsere Eltern, wie Sie *(Vornamen der Eltern)*, die Sie ja alles tun möchten, damit Ihr Kind ein gutes Leben hat. Weil wir also wissen, wie das ist, wenn man auch ohnmächtig und abhängig ist – als Säugling –, haben wir auch Verständnis und sind bemüht, dem Kind zu helfen.

Es ist wie bei dieser Figur. Das Kind ist bei *seiner Mutter / seinem Vater / seinen Eltern* geborgen. Die Art und Weise, wie diese Figur gemacht ist, lässt uns das Gefühl spüren, das in der Zuwendung liegt: Liebe. Bedingungslose Liebe.

Aber die Liebe von Eltern und Lehrern ist nicht immer bedingungslos. Wir haben sicherlich alle schon mal gehört: »Wenn du dein Zimmer aufräumst … dann …« – Wir knüpfen oft im Leben unsere Zuwendung und Liebe an Bedingungen. Und manchmal passiert es, dass wir unbedacht auch etwas sagen, was kränkend ist. Oder ein Kind mit dem berühmten »Bösen Blick« anschauen. Solche Kränkungen setzen sich fort – z. B. in der Grundschule oder den weiterführenden Schulen. Als Erwachsene tragen wir diese Kränkungen oft tief in unserer Seele. Äußerlich sind wir längst erwachsen. Aber das »innere Kind« in uns ist verletzt.

Da gibt es erwachsene Männer, die in ihrer Kindheit nie von ihrem Vater gehört haben, dass sie geliebt sind, dass der Papa stolz auf den Sohn war. Oder die Tochter, die als Pubertierende keinen Zugang mehr zur Mutter fand – da, wo sie die Mama am meisten gebraucht hätte. Das »innere Kind« in uns merkt sich das auf seiner Festplatte – wir können auch Seele sagen.

Im Evangelium haben wir eben gehört, wie die Menschen – die Erwachsenen! – die Kinder wegschicken. Wir müssen uns nur einmal vorstellen, wie es uns ginge, wenn wir als Kinder immer weggeschickt worden wären: »Geh weg! Du hast da nichts zu suchen! Du bist zu klein dazu!« – Und wie das ist, wenn es sich später wiederholt: »Du darfst nicht mitspielen! Wir wollen dich hier nicht!« Wir fühlen uns abgelehnt. Jesus macht es ganz anders: Lasst die Kinder zu mir kommen, sagt er. Er durchbricht dieses Schema.

Es geht nicht darum, dass Kinder alles dürfen, so wie Grönemeyer einmal sang: »Kinder an die Macht!« Es geht auch nicht darum, dass wir die Kinder zu kleinen verwöhnten Prinzen und Prinzessinnen machen. Es geht darum, dass wir sie als Kinder mit ihrer ganzen Zerbrechlichkeit beachten. Vielleicht kennt jemand noch das Lied von Bettina Wegner: »Sind so kleine Hände«. Darin beschreibt sie, wie vorsichtig wir mit Kindern umgehen sollten. In der vorletzten Strophe singt sie: »Sind so kleine Seelen, offen ganz und frei. Darf man niemals quälen, gehn kaputt dabei.«

(Der Sprecher lädt die Eltern ein, sich mit dem Kind einmal hinzustellen, und bittet alle anderen Gäste, sich in einem Kreis um das Kind mit den Eltern zu positionieren.)

Jesus war einer, der wollte, dass Kinder Beachtung finden und dass das »innere Kind« in uns, unserer Seele, nicht gequält, sondern geheilt wird. Die Taufe heute stellt das Kind in die Mitte. Das ist was anderes, als es zum Mittelpunkt zu machen. Aber ein Kind in die Mitte zu stellen, heißt auch: ihm Aufmerksamkeit zu schenken, es wahrzunehmen. Gott nimmt euer Kind wahr. Er nimmt es auf. *Euer (Vorname) / eure (Vorname)* wird ein Kind Gottes.

Zur Erstkommunion

68 »Ich bin ein Anhänger von ...«
– Erstkommunion I

Bibelstellen: Markus 1,16–20 / Matthäus 10,1–4 / Matthäus 17,4–22 / Lukas 5,1–11
Symbol: Spielzeug-LKW mit Anhänger, großes Plakat mit der Aufschrift »Ich bin ein Anhänger von ...«, mehrere Edding-Stifte

Handlung

Der Sprecher zeigt den Kindern einen Spielzeug-LKW mit Anhänger.

Predigtimpuls

Hast du schon mal so einen LKW in ganz groß gesehen mit Anhänger? Vielleicht auf der Autobahn, wenn du mit deinen Eltern überholt hast? Oder in der Stadt, wenn die mit diesem Piepston rückwärts irgendwo einparken? Was ich ja total klasse finde ist, wie die das hinbekommen, dass der Anhänger genauso gelenkt wird, dass er wirklich den Weg in eine Einfahrt zum Supermarkt findet. Da muss der Fahrer vom LKW echt was draufhaben!

Aber richtig lustig fand ich mal eine Werbung auf der Rückseite von so einem Anhänger einer großen Firma.

(Der Sprecher hält das Plakat hoch.)

Da stand nämlich: »Ich bin ein Anhänger von *(Firmenname)*«. Das Wortspiel war klasse. Denn einerseits war ja mit »Anhänger« das tatsächliche Fahrzeug als Anhänger gemeint. Aber man kann das auch noch anders deuten.

(Der Sprecher wendet sich an die Erstkommunionkinder.)

Wovon könnte ich denn noch ein Anhänger sein?

(Die Kinder werden jetzt wohl Fußballclubs nennen oder Musikgruppen oder Fernsehstars o. Ä.)

Ganz genau. Ich kann aber auch ein Anhänger einer bestimmten Eissorte sein oder ein Anhänger einer bestimmten Sportmarke bei Turnschuhen. Das englische Wort für Anhänger ist »Fan«. Man ist ein Fan von dem oder dem ...

Ich finde aber das deutsche Wort so spannend. Ein Anhänger ist einer, der an jemandem dranhängt oder der von jemandem hinter sich hergezogen wird. Im Evangelium haben wir eben auch von jemandem gehört, der Leute hinter sich herzieht. Aber das sind keine Anhänger oder Fans, sondern das sind Schüler, »Apostel« genannt. Ganz oft heißen sie »Jünger«. Es sind die Schüler von Jesus.

Jesus lädt Menschen ein, mit ihm zu gehen. Sie werden Freunde. Er erzählt ihnen von seinen Ideen. Jesus hat viele Ideen, vor allem solche, wie man die Welt etwas besser machen kann. Jesus möchte zum Beispiel, dass man einfach gut ist zu anderen, auch zu denen, die vielleicht nicht die lautesten sind, die etwas nicht so gut können. Jesus geht sogar zu denen, mit denen niemand etwas zu tun haben möchte. Seine Anhänger, seine Schüler, sollen das von ihm lernen. Deshalb bleiben sie ihm ganz dicht auf den Fersen. Sie hängen quasi an ihm dran.

Jesus selbst sagt den Leuten auch, die sich für ihn interessieren: »Folgt mir nach!« – im Griechischen steht das noch viel besser. Da steht nämlich: »Los! Geht hinter mir her!«

Ich möchte jetzt mit zwei Kindern von euch mal eine kleine Übung machen. Wer hat Lust dazu? Ok, ihr beiden. Einem von euch verbinden wir jetzt mal die Augen. Der andere nimmt dich an die Hand und geht vorweg. Du gehst einfach hinterher. Und du *(Name),* der du die Augen offen hast, du suchst jetzt mal einen Weg durch die Kirche und kommst dann noch mal zu uns zurück. Wir schauen da alle mal zu …

(Jemand verbindet dem Kind die Augen. Ein Erwachsener geht vorsichtshalber mit.)

Super habt ihr das gemacht! Dankeschön. Was ihr gerade gemacht habt, das hat ganz viel mit dem zu tun, was ihr zurzeit erlebt! Denn: Als Kommunionkinder geht ihr auch hinter Jesus her. Ihr seid auch Fans, Anhänger – und sogar Schüler. Denn ihr lernt ja eine Menge von ihm und über ihn.

Eben habe ich gesagt, dass ich das toll finde, wie ein LKW-Fahrer es schafft, seinen Anhänger so geschickt zu lenken, dass da kein Unfall passiert. Ich denke, dass Jesus uns Menschen genauso lenken möchte, dass uns nichts passiert. Er möchte, dass es uns gut geht. Dazu braucht es nur eines: Wir müssen ihm vertrauen!

Es ist so wie mit der Übung, die ihr gerade gemacht habt. Einer vertraut dem anderen. Er verlässt sich darauf, dass der andere ihn gut lenkt. So ist Jesus.

Deshalb ist es schön, ein Anhänger von Jesus zu sein! Jetzt möchte ich euch alle einladen, dass ihr nach vorne kommt und mit den dicken Filzstiften hier euren Namen auf das Plakat schreibt. Ich schreibe aber vorher noch den Namen JESUS drauf. Ich bin ein Anhänger von JESUS.

(Die Kinder kommen nach vorn.)

69 Gott nährt nachhaltig und sättigend
– Erstkommunion II

Bibelstellen: Johannes 6,32–35 / 1 Korinther 11, 23–29 / Markus 14,22–25
Symbol: je eine Scheibe Weißbrot und Vollkornbrot, ein Fladenbrot, eine große Hostie

Handlung

Im Laufe des Gottesdienstes zeigt der Sprecher den Kindern erst eine Scheibe Vollkornbrot und Weißbrot, lässt sie auch probieren. Dann zerreißt er ein Fladenbrot, um an das letzte Abendmahl zu erinnern, schließlich bricht er eine große Hostie in mehrere Teile.

Predigtimpuls

Wer von euch kauft regelmäßig Brot ein? Kennt jemand von euch den Unterschied zwischen diesem Brot hier und dem hier?

(Der Sprecher hält den Kindern eine Scheibe Vollkornbrot und eine Scheibe Weißbrot hin. Sofern ein Kind die Brotscheiben richtig zugeordnet hat, macht er weiter. Ansonsten erklärt er es kurz.)

(Die dunkle Scheibe ist aus Vollkornbrot. Das ist aus Roggenmehl mit Körnern, das andere ist aus hellem Weizenmehl). Ganz genau – das wisst ihr schon ganz prima! Wer möchte denn mal probieren? – Und, wie schmeckt das?

(Die Antworten der Kinder werden alle wahr- und ernstgenommen.)

Wir haben in vielen Ländern in Europa mittlerweile eine ganze Reihe an Brotsorten. Vom klassischen Weißbrot bis zum Vollkornbrot ist alles dabei. Wenn man in eine Bäckerei geht, kann man nur staunen, was es da alles für Sorgen gibt, und was sich die Bäcker so alles einfallen lassen. Aber all diese Brote backen die Bäcker ja nicht einfach nur so. Klar, die wollen auch was verdienen und nicht jeder hat den gleichen Geschmack.

Es hat auch damit zu tun, dass man herausgefunden hat, dass zum Beispiel ein helles Weizenbrot zwar super schmeckt, wenn es ganz frisch ist, aber dass man relativ bald wieder Hunger bekommt. Es sättigt also nicht so wie zum Beispiel ein Vollkornbrot das kann. Da braucht unsere Verdauung viel länger, bis sie alles verarbeitet hat.

Ihr werdet in ein paar Tagen / Wochen zur Erstkommunion gehen. Längst wisst ihr, dass ihr im Gottesdienst auch ein Stück Brot bekommen werdet – eine sog. »Hostie«. Jesus hat mit seinen Freunden öfter zusammen gegessen und getrunken. Aber einmal, das war ein paar Tage vor Ostern, da trafen sie sich am Abend und es gab ein besonderes Essen. Die Israeliten nannten das Fest »Pessach«, es hat sie an ihren Auszug aus Ägypten erinnert. Das ist die Geschichte mit Mose, der sein Volk geführt hat, die kennt ihr ja schon. Weil die Israeliten damals in der Nacht aufgebrochen sind und sie es eilig hatten, hatten sie ein Lamm gebraten und sehr einfaches Fladenbrot gebacken.

(Der Sprecher nimmt jetzt das Fladenbrot und zerreißt es langsam.)

An dem Abend, an dem Jesus zum letzten Mal mit seinen Freunden ein Mahl hielt, da nahm er von diesem Fladenbrot, zerriss es und teilte es an seine Freunde aus. Dabei sagte er etwas Besonderes: »Das ist mein Leib, der für euch hingegeben wird. Wann immer ihr zusammen kommt, dann tut das zu meinem Gedächtnis!« – Das heißt übersetzt: Ich muss sterben, so wie die Körner erst in der Erde gestorben sind, aber dann wieder an der Ähre viele neue Körner trugen. Aus diesen vielen Körnern wurde Mehl gemahlen und man konnte Brot backen. Wenn ihr also zusammenkommt, dann denkt ihr an mich, wenn ihr das Brot nehmt, es teilt und davon esst.

(Der Sprecher nimmt jetzt die Hostie (nicht geweiht natürlich) und bricht sie in mehrere Stücke.)

An eurer Erstkommunion bekommt ihr von so einer Hostie ein Stück. Wir werden so viele Hostienstücke brechen, dass jede und jeder von euch eines bekommt.

Mir ist aber noch eine Sache ganz wichtig. Ihr erinnert euch, dass ich am Anfang sagte: Viele Menschen machen die Erfahrung, dass man von Vollkornbrot satt wird und dass diese Sättigung länger anhält als bei Weißbrot. Jesus sagte eben im Evangelium so etwas Ähnliches. Jesus sagte, dass das Brot, das Mose seinem Volk gab, nur für kurze Zeit satt gemacht hat. Aber dass das Brot, das er uns gibt – nämlich sich selbst als Brot des Lebens – für immer satt macht. Das heißt: Wenn wir mit Jesus in Kontakt bleiben, dann wird da eine richtig gute Freundschaft draus, die ein Leben lang hält und die uns guttut.

An uns Erwachsene gerichtet, würde Jesus vielleicht sagen: So wie das Vollkornbrot also nachhaltiger ist als Weißbrot, so will er in unserem Leben nachhaltig gegenwärtig sein. Und wie das bei Freundschaften eben so ist … die muss man pflegen.

70 Jesus als Freund gut kennen …
– Erstkommunion III

Bibelstelle: Johannes 15,9–15
Symbol: Leben-Jesu-Armband

Handlung

Die Kinder haben im Rahmen der Erstkommunionvorbereitung schon ein Leben-Jesu-Armband erstellt. Informationen dazu finden sich im Internet unter dem Stichwort »Leben-Jesu-Armband«. Es handelt sich um eine Schnur mit verschiedenfarbigen Perlen und weiteren Symbolen wie einem Stern, einem Fisch, einer Taube, einem Kreuz, einem Herzen. Diese sind in der biografischen Reihenfolge des Lebens Jesu angeordnet.

Predigtimpuls

Ihr kennt alle Facebook, oder? Wie nennt man die Leute, mit denen man dort im Kontakt ist? – Richtig, genau »Freunde«. Es gibt Leute, z. B. Fernsehstars oder Schauspieler aus Filmen, die haben Tausende solcher »Freunde«. Mal ganz unter uns: Glaubt ihr denn wirklich, dass die alle so richtig befreundet sind? – Nein, das geht gar nicht, das sind Fans. Aber Freunde braucht jeder Mensch. Manche sind noch bis ins Erwachsenenalter mit den Leuten aus ihrer Grundschulzeit befreundet. So eine Freundschaft kann richtig lange halten.

Wie muss denn ein guter Freund oder sogar die beste Freundin sein?

(Der Sprecher sammelt Antworten der Kinder.)

Ja, ihr habt da ganz tolle Antworten gegeben. Es gibt Erwachsene, die haben keine Freunde. Ich glaube aber, dass es ganz wichtig ist, dass man gute Freunde hat, ein paar sehr gute Freunde und einen besten Freund oder eine beste Freundin. Ein römischer Staatsmann, er hieß Cicero, hat einmal gesagt: »Freundschaft verdoppelt unsere Freude und halbiert unseren Schmerz.« Das heißt übersetzt: Echte Freunde freuen sich mit uns, wenn es uns gut geht, sie weinen mit uns, wenn wir traurig sind – und trösten uns.

Im Bibeltext eben habt ihr auch gehört, dass Jesus zu seinen Jüngern sagte: »Ihr seid meine Freunde!« Aber dann hat er noch etwas gesagt. » … wenn ihr tut, was ich euch auftrage!« – Da könnte man meinen, Jesus kommandierte seine Freunde herum. Aber das meint er nicht. Sondern: Wenn man einen sehr guten oder besten Freund oder Freundin hat, und man fragt um Rat, und die beste Freundin sagt zum Beispiel: »Mach das besser nicht!«, dann kann man auf sie hören. Sie meint es ja gut mit uns. Genau das meint Jesus. Lebt so, wie ich es euch vorschlage.

Damit wir diese Freundschaft mit Jesus pflegen können, müssen wir ihn gut kennen. Ihr habt dazu im Kommunionunterricht etwas ganz Tolles gebastelt. Nämlich so ein Freundschaftsband. Aber das ist kein normales Freundschaftsband, sondern eines mit Perlen und kleinen Zeichen dran. Jedes Zeichen und jede Perle steht für etwas aus dem Leben Jesu.

(Anstelle des folgenden Monologes könnten auch die Kinder erzählen, was die einzelnen Perlen bedeuten.)

Es geht hier los mit dem Stern *(kleiner Stern)*. Den haben die drei Weisen *(drei Perlen)* aus dem Nahen Osten entdeckt und sind ihm gefolgt. Sie kamen nach Betlehem und brachten Jesus zum Geburtstag Geschenke *(eine goldene Perle für die Geschenke)*. Jesus wuchs auf und lernte den Beruf des Zimmermanns *(Holzperle)*. Als er erwachsen war, wurde er zum Fischer der Seelen *(ein Fisch)*, suchte sich Schüler, man nennt sie Jünger, es waren 12 junge Männer *(ein Röhrchen mit 12 Punkten o. Ä.)*, die seine Jünger wurden. Denen verkündete er seine Lebenswahrheit über Gott und den Menschen die Frohe Botschaft *(gelbe Perle o. Ä.)*. Aber eines Tages wurde Jesus getötet *(Kreuz)*. Er vergoss sein Blut *(rote Perle)* und wurde begraben *(schwarze Perle, vielleicht eckig o. Ä.)*. Er tat das, weil er der Freund der Menschen war und die Menschen liebte *(Herz)*. Doch er bliebt nicht im Grab. Er ist von den Toten auferstanden *(größere weiße Perle)* und die Bibel erzählt uns, er sei in den Himmel aufgefahren *(blaue Perle)*. Von dort sandte er uns seinen Geist *(Taube)*.

Ich finde dieses Leben-Jesu-Armband ganz toll. So kann man immer an ihn denken, man weiß, wie es ihm ergangen ist. Bitte passt gut auf dieses Armband auf! Es soll euch lange begleiten!

Mit Jugendlichen

71 Wer bin ich eigentlich wirklich? – Jugend I

Thema: Bibelstelle: 1 Korinther 13,11–12 / Text »Wer bin ich?« von Dietrich Bonhoeffer
Symbol: Personalausweis und Spiegel, der auf der Rückseite mit Alufolie beklebt ist

Handlung

Während der Ansprache zeigt der Sprecher seinen Personalausweis *(ein »altes Modell« oder eines mit einem älteren Foto wäre von Vorteil),* ebenso einen Spiegel, der zwei Seiten hat. Eine Seite ist mit Alufolie beklebt. Er kann diesen Spiegel auch den Jugendlichen vors Gesicht halten. Dies gilt auch für die richtige Seite des Spiegels.

Predigtimpuls

»Wer bin ich? Und wenn ja: Wie viele?« – So lautet der Titel eines Buches, Richard David Precht ist der Schriftsteller. Es gibt immer wieder Zeiten, in denen Menschen sich die Frage stellen: Wer bin ich eigentlich? Dietrich Bonhoeffer, ein ev. Theologe, der 1945 von Nazis im KZ Flossenbürg ermordet wurde, schrieb in seiner Gefängniszelle noch diesen Text, den wir eben gehört haben: »Bin ich das wirklich, was andere von mir sagen? Oder bin ich nur das, was ich selbst von mir weiß? (…) Wer bin ich? Der oder jener? Bin ich denn heute dieser und morgen ein andrer? Bin ich beides zugleich?«

Wir verändern uns im Laufe des Lebens. Auch ihr habt euch schon verändert. Ihr seid keine Babys und Kleinkinder mehr, ihr seid auch nicht mehr Grundschüler, ihr seid Jugendliche, kurz davor, junge Erwachsene zu werden. Ihr habt euch längst entdeckt, habt euch auch schon ein paarmal die Hörner abgestoßen, habt schon manches auf den Deckel bekommen … Aber vor allem: Ihr habt schon eine leise Ahnung, wohin ihr im Leben gehen wollt, was ihr mal machen möchtet … Wer bin ich? – Manche wissen schon recht gut, wer sie sein möchten.

(Der Sprecher nimmt einen Personalausweis.)

Wenn ich mir meinen Personalausweis anschaue ... – der hier ist schon was älter – ... ich hab mich total verändert. Ich bin nicht mehr derselbe wie damals. So viel ist schon passiert! Vielleicht habt ihr an Geburtstagen schon mal den Glückwunsch gehört: Bleib so wie du bist! – Aber wollt ihr denn wirklich so bleiben wie ihr seid? Unser Leben ist doch eine ständige Veränderung, das merken wir ja schon am Alter und den Lebensphasen, die wir durchlaufen.

Paulus sagt es im Brief an die Gemeinde von Korinth ja auch: Als ich ein Kind war, dachte ich wie ein Kind, redete so und verhielt mich so. Aber dann wurde ich erwachsen und alles änderte sich. Und jetzt kommt's! Paulus sagt etwas, was ich sehr interessant finde: »Jetzt schauen wir in einen Spiegel und sehen nur rätselhafte Umrisse, dann aber schauen wir von Angesicht zu Angesicht. Jetzt ist mein Erkennen Stückwerk, dann aber werde ich durch und durch erkennen, so wie ich auch durch und durch erkannt worden bin.« (1. Korinther 13,12). Einen solchen Spiegel habe ich gefunden.

(Der Sprecher hält die Seite des Spiegels hoch, die mit Alufolie beklebt ist.)

Manchmal ist es genau so ein Spiegel. Wir sehen nur rätselhafte Umrisse. Wir ahnen, wer wir sind. Vor allem: wer wir sein bzw. werden können. In jedem von uns ist das schon vorhanden, was wir noch entfalten können: Talente, Begabungen, Eigenschaften, Grundhaltungen, Werte usw. An uns ist es, sie zur Geltung zu bringen. Dazu braucht es Vertrauen ins Leben und man muss sich selbst mögen, sich selbst annehmen können.

Für manche in eurem Alter ist das so eine Frage ... Da fühlt man sich zu dick, zu unsportlich, nicht sexy genug, da vergleicht man sich mit anderen und deren Leistungen, ist enttäuscht, wenn man etwas nicht erreicht hat, wofür man so hart trainiert hat ... Aber letztlich sind das alles Erfahrungen auf dem Weg zu mir selbst.

Wenn Menschen nach einem Unfall im Krankenhaus liegen und dann aus einem Koma oder nach einer OP aus der Narkose erwachen, dann sagen Ärzte gerne: »Der Patient kommt wieder zu sich.« So ist das hier auch. Manchmal braucht es eine Zeit, bis wir wieder »zu uns kommen«, bis wir sagen können, dass wir uns kennen.

(Der Sprecher zeigt die andere Seite des Spiegels mit dem Spiegelglas.)

Auf diesem Wege seid ihr! Auf dem Weg bist du! Du bist dabei, dich selbst zu entdecken. Als ihr noch so richtig in der Pubertät wart, da wart ihr manchmal unerträglich – für euch selbst, für die Lehrer, für eure Eltern. Und das hat einen Grund! Ein Neurologe, also ein Arzt, der sich mit dem Gehirn und den Nervenbahnen auseinandersetzt, sagte mal: In der Pubertät wird das Gehirn eines jungen Menschen komplett neu formatiert, alle Dateien und Programme werden neu installiert. Bitte – wer arbeitet denn gerne mit einem PC, der gerade am Formatieren ist?

Du wirst dein Format noch finden! Du wirst noch herausfinden, wer du bist. Bleib dran! Es lohnt sich.

72 Siri, wer ist Gott? – Jugend II

Bibelstelle: Genesis 32,23–33
Symbol: Smartphone und aktive Sirifunktion

Handlung

Der Sprecher nimmt gleich zu Beginn ein iPhone und sagt: »Hey Siri. Wer ist Gott?« Er lässt die Antwort von Siri laut über Mikrofon vorspielen.

Predigtimpuls

Hey Siri. Wer ist Gott? – »Als Gott *(je nach Zusammenhang auch Göttin)* oder Gottheit wird meist ein übernatürliches Wesen bezeichnet, das über eine große und nicht naturwissenschaftlich beschreibbare transzendente Macht verfügt. – Willst du mehr hören?« …

(Siri trägt den Rest vor.)

Gott ist also ein übernatürliches Wesen, eine transzendente Macht, er ist Ursprung und Schöpfer. Spannend. Ich werde Siri noch ein paar Fragen stellen:

Hey Siri, kannst du mir Gott zeigen? – Antwort: »Das kann ich nicht beantworten.« – Hey Siri, wo finde ich Gott? – Antwort: »Schau mal, was ich dazu im Internet gefunden habe …« – Hey Siri: Ist Gott männlich oder weiblich? – Antwort: »Da, wo ich herkomme, kann jeder sein, was er möchte« oder »Ich verstehe einfach nicht, was es mit diesen ganzen Geschlechtern auf sich hat!« – Hey Siri: Ist Gott tot? – Von theologischen Diskursen halte ich mich fern. – Hey Siri: Ist Jesus wirklich auferstanden? – Antwort: »Auf solche Fragen bin ich wirklich nicht eingestellt.« – Hey Siri: Gibt es Gott überhaupt? – Antwort: »Das frage ich mich auch oft. Das Thema heben wir besser für einen anderen Tag auf … und für einen anderen Assistenten.«

Siri gibt mir also keine klaren Antworten. Damit bin ich mit meiner Suche so weit wie vorher.

Auch in der Bibel steht nichts Eindeutiges. Das Alte Testament erzählt uns von Mose, der Gott in einem brennenden Dornbusch begegnet sei. Eine Stimme habe gesagt, dass Gott der »Ich bin da« sei. Immerhin. ICH BIN DA. Das wäre ja schon mal eine Antwort auf die Frage, ob er existiert. Oder der Prophet Elija. Von ihm wird erzählt, dass Gott weder in einem Erdbeben noch in einem Feuer gewesen sei, aber in einem Windhauch. Fast unbemerkt also … Aber wie ist Gott? Jesus sagt, Gott sei wie ein Vater. Der Verfasser des Johannesbriefes sagt, dass Gott Liebe sei. Aber wir lesen auch im Alten Testament, dass Gott Kriege führt. Wir wissen, dass die Kirche Kreuzzüge im Namen Gottes durchgeführt hat und Islamisten noch immer Heilige Kriege durchführen. Ist das der gleiche Gott?

Wenn ihr denkt, dass ich als Theologe eine Antwort auf die Frage hätte, wie Gott ist, muss ich euch enttäuschen. Ich weiß es auch nicht. Wir sprechen ja immer nur mit menschlichen Begriffen von Gott. Wir denken, er sei allmächtig – weil wir erleben, dass wir als Menschen nicht auf alles Einfluss haben. Wir denken, er sei allwissend – weil wir natürlich mit der Forschung und Wissenschaft immer wieder an Grenzen kommen. Über Jahrhunderte haben wir irgendetwas, was auf der Welt passiert ist, mit Gott erklärt – er war der Lückenbüßer für alles, was wir nicht erklären konnten. Ob das der Regenbogen am Himmel war oder schlechte Ernten.

Aber wenn es Gott gibt, dann werden wir ihn gar nicht mit unseren Worten beschreiben können. Weil er einfach unser Denken bei Weitem übersteigt. Aber jede und jeder von uns kann Erfahrungen mit Gott machen. Davon erzählt uns die Bibel eine ganze Reihe von Beispielen.

Eine spannende Geschichte ist die von Jakob, der nachts mit jemandem an einem Fluss einen Ringkampf führte. Man muss dazu wissen: Jakob hatte zuvor einen ziemlichen Konflikt mit seinem Bruder Esau. Die beiden sind danach getrennte Wege gegangen. Gerade als Jakob den Jabbok überqueren will, das stellt sich ihm ein Mann in den Weg.

(Der Sprecher erzählt die Geschichte (siehe Bibeltext).)

Was sagt uns die Geschichte? Wer mit Gott zu tun hat, der kann mit ihm ringen. Wer mit Gott zu tun hat, der verändert sich *(neuer Name).* Wer mit Gott zu tun hat, wird diese Begegnung auch nicht so schnell vergessen *(Hüfte).* Aber wer mit Gott zu tun hat, ist auch jemand, der von Gott »ausgezeichnet« wird, also gesegnet. Gott sagt zu dir: Es ist gut, dass es dich gibt!

Zur Hochzeit

73 Sich aus Liebe ganz verschenken
– Hochzeit I

Bibelstellen: 1 Korinther 13,1–13 / Johannes 15,9–17
Symbol: Hochzeitskerze, zwei kleine Kerzen, Osterkerze, lange Zündhölzer

Handlung

Die Hochzeitskerze, die noch nicht entzündet ist, steht auf dem Altar. Zwei kleinere Kerzen, die während der Ansprache an der Osterkerze entzündet werden, werden während der Ansprache den Eheleuten übergeben. Sie tauschen diese während der Predigt irgendwann aus.

Predigtimpuls

Was für ein Tag! Liebe *(Vorname)* und lieber *(Vorname)*, ich freue mich, dass ich bei Ihrem Fest dabei sein darf! Sie sagen heute JA zueinander, keine leere Versprechung, die sich in ein paar Jahren als bloßer Versprecher rausstellt – Sie meinen es ernst! Zusammen mit all den Gästen, die heute hier sind, mit Ihren Eltern und Freunden, Kollegen und wem auch immer, wollen Sie Ihre Hochzeit feiern!

Eine gute Entscheidung ist das. Eine Entscheidung füreinander. Dabei begann Ihre Geschichte, Ihr gemeinsamer Lebensweg nicht erst gestern.

(Hier kann der Sprecher etwa einfügen, wie die beiden sich kennenlernten, was die Ehepartner aneinander schätzen, welche Projekte man hat; die ein oder andere humorvolle Anekdote etc.)

Nach dem großen Segen über das Ehepaar werden Sie gemeinsam diese Hochzeitskerze entzünden. Jetzt brennt der Docht noch nicht, Sie sollen nachher die Initialzündung geben. Aber schon jetzt möchte ich Ihnen anhand dieser Kerze ein paar Gedanken mit auf den Weg geben.

Der erste Gedanke: Eine Kerze, die nur herumsteht, die nicht brennt, die kein Licht spendet, ist eine sinnlose Kerze. Weil aber die Hochzeitskerze nachher erst entzündet wird, möchte ich Ihnen jetzt schon mal diese beiden Kerzen anzünden und in die Hand geben. Ich nehme dazu bewusst das Feuer von der Osterkerze.

(Der Sprecher entzündet zwei kleine Kerzen an der Osterkerze und überreicht sie dem Ehemann und der Ehefrau.)

Dieses Ritual praktizieren wir so auch in der Osternacht, wenn die Kirche komplett dunkel ist. Dann zünden wir solche kleinen Kerzen für alle Gläubigen an. Das Licht steht für Jesus Christus. Er erleuchtet das Gesicht des einzelnen Menschen. So wie Sie beiden jetzt die kleine Kerze vor Ihre Gesichter halten, sollen Sie wissen: Du bist ein helles Köpfchen, du stehst in diesem Scheinwerfer Gottes – er soll dein Leben hell machen. Auch die Schattenseiten, die wir mit uns tragen, sollen hell werden. Bitte betrachtet euch gegenseitig in Momenten der Dunkelheit aus dieser Perspektive – dann könnt ihr füreinander ein Lichtblick sein!

Der zweite Gedanke: Die Kerze kann nur Licht spenden, weil das Wachs, das von Bienen stammt, sich verzehrt. Es verzehrt sich für etwas Größeres – für die Flamme. Ich bitte Sie beide: Passen Sie gut aufeinander auf, dass Sie sich nicht verzetteln und verzehren für die 1000 Dinge, die das Leben von Ihnen erwartet, sondern dass Sie sich füreinander, für Ihre Liebe verzehren. So ist die Liebe gut investiert. Dazu gehören Langmut und Güte, wie der Apostel Paulus in dem Brief an die Gemeinde von Korinth sagte. Dazu gehört auch, dass die Liebe nicht durch blinde Eifersucht gestört ist, dass keiner sich aufbläst wie ein Hahn, dass keiner seinen Vorteil sucht oder zornig wird, vor allem: dass ihr einander nicht nachtragt, sondern Unrecht verzeihen könnt und immer nach der Wahrheit sucht. Paulus sagt es so treffend: Echte Liebe »erträgt alles, glaubt alles, hofft alles, hält allem stand. Die Liebe hört niemals auf.« – Daher bitte ich Sie jetzt, als kleinen Ausdruck der Hingabe, die eigene Kerze dem anderen zu übergeben.

(Eheleute übergeben sich gegenseitig die Kerze des jeweils anderen)

Aber wie das so ist: Man muss etwas für die Liebe tun. Der TV-Komiker Hape Kerkeling ist bei einer seiner Shows mal in die Rolle einer Eheberaterin geschlüpft und sagte dann: »Liebe ist Arbeit, Arbeit, Arbeit. Tun Sie etwas gegen ihre emotionale Arbeitslosigkeit!« – Humorvoller und doch absolut richtig kann man es gar nicht sagen.

Der dritte Gedanke: Liebe *(Vorname der Frau)*, wenn eines Tages Ihr *(Vorname des Mannes)* den Hochzeitstag mal vergessen sollte – was ja angeblich hier und da vorkommen soll … – dann hat die brennende

Kerze noch eine gute Funktion: Stellen Sie sie entzündet einfach mitten in den Flur oder auf den Wohnzimmertisch, dann werden ihm beim Heimkommen die Augen aufgehen. Oder aber: Er wird nur sagen: »Oh schön, Schatz, du hast schon mal unsere Kerze entzündet, schau, ich hab' dir diese Blumen mitgebracht …«

Jedenfalls wünsche ich Ihnen beiden, *(Vornamen),* dass Sie für einander brennen können, den anderen immer neu entflammen, und möge Ihnen bei dem ein oder anderen Streit auch ein Licht aufgehen … und das Feuer der Liebe und der Versöhnung Sie sich gegenseitig wieder in die Arme schließen lassen.

74 Sich binden, aber nicht fesseln!
– Hochzeit II

Bibelstellen: Hosea 2,21f / Sprüche 3,3–8 / »Über die Ehe« (Khalil Gibran)
Symbol: Handschellen oder Seil

Handlung

Zu Beginn der Ansprache fesselt der Sprecher das Ehepaar mit Handschellen aneinander oder mit einem Seil. Vielleicht kann er auch die Trauzeugen bitten, das zu tun.

Predigtimpuls

Wer heiratet hat ja bekanntlich die Probleme, die er alleine nicht hätte – behaupten böse Zungen. Und der Ehering soll ja bekanntlich die Fußfessel am Ringfinger sein … – sagen Männer, die sich noch nicht genügend ausgetobt haben. Damit ihr beiden, *(Vornamen)* das jetzt mal direkt spürt und euch dann noch immer nach der Ansprache entscheiden könnt, ob ihr das wirklich wollt, möchte ich die Trauzeugen einmal bitten, euch diese Handschellen anzulegen bzw. euch mit dem Seil an den Händen zu fesseln.

(Handschellen werden angelegt bzw. Seil wird um die Hände gebunden – aneinander!)

Wie heißt es in einem Spruch: »Drum prüfet, wer sich ewig bindet, ob sich nicht was Besseres findet!« – Scherz beiseite. Wie fühlt sich das an, aneinander gefesselt zu sein? Ist es so, wie ihr euch das so mit der Verbindlichkeit und der Bindung vorgestellt habt?

Ich lasse euch einmal eine Zeitlang so in Handschellen / gefesselt. Nicht um euch zu quälen, sondern weil ich glaube, dass ihr selbst in diesen wenigen Minuten eine Erfahrung machen werdet, von der ihr aber jetzt schon wisst: So stellen wir uns die Ehe nicht vor!

Gemeinsam seid ihr ja schon einige Zeit unterwegs.

(Hier kann der Sprecher einige Etappen aus dem Leben der beiden einbauen.)

All eure gemeinsamen Erfahrungen der letzten Jahre, auch die kleinen Reibereien, die es schon mal gab, münden dennoch und trotzdem ein in den Wunsch, miteinander das Leben zu gestalten – als Ehepaar. Ich sagte »dennoch« und »trotzdem«, weil ich glaube, dass es ganz entscheidend ist, dass man sich von den kleinen Stürmen des Lebens nicht gleich umhauen lässt. Euer Lebensschiff bleibt heute nicht im Hafen der Ehe liegen, hier geht ihr nicht vor Anker, sondern: Es ist nur ein kleiner Zwischenstopp, zu dem wir eingeladen sind. Danach geht's wieder raus auf die hohe See – mit alldem, was das Leben euch anbietet. Auch mit all den Fragen, mit denen das Leben euch infrage stellt – und auf die ihr beiden eine Antwort finden müsst.

Gemeinsam unterwegs zu sein, das bedeutet aber nicht, aneinander zu kleben. Es bedeutet nicht, den anderen zu fesseln. Vielleicht kennt ihr den Schriftsteller Khalil Gibran. Er hat einmal zur Ehe folgende klugen Gedanken gesagt: »Liebt einander, aber macht die Liebe nicht zur Fessel:

Lasst sie eher ein wogendes Meer zwischen den Ufern eurer Seelen sein. Füllt einander den Becher, aber trinkt nicht aus einem Becher. Gebt einander von eurem Brot, aber esst nicht vom selben Laib. Singt und tanzt zusammen und seid fröhlich, aber lasst jeden von euch allein sein.

So wie die Saiten einer Laute allein sind und doch von derselben Musik erzittern.«

Die Liebe nicht zur Fessel machen, das heißt auch: Den anderen nicht kontrollieren, sondern ihm Vertrauen schenken. Den anderen nicht zu fesseln heißt auch: Ihm den Freiraum zu geben, dass er bzw. sie Freundschaften pflegen kann.

(Sprecher lässt die Handschellen / das Seil wieder abnehmen.)

Manchmal braucht es diese Form der Übertreibung, damit man wenigstens im übertragenen Sinne spürt, was das bedeuten würde. Jemanden an sich zu binden kann auch Abhängigkeit und Versklavung bedeuten. Das hat aber nichts mit Ehe zu tun! Im Buch der Sprüche heißt es: »Nie sollen Liebe und Treue dich verlassen; binde sie dir um den Hals, schreib sie auf die Tafel deines Herzens!« Wir hängen uns ja gern ein Halskettchen um den Hals. Die Beziehung zu einem Menschen und der Ehering dürfen nie wie ein Mühlstein am Hals hängen.

Liebe *(Vorname der Ehefrau)* und lieber *(Vorname des Ehemannes)*, ich möchte mit Khalil Gibran schließen: »Ihr wurdet zusammen geboren, und ihr werdet auf immer zusammen sein. Ihr werdet zusammen sein, wenn die weißen Flügel des Todes eure Tage scheiden. Ja, ihr werdet selbst im stummen Gedenken Gottes zusammen sein. Aber lasst Raum zwischen euch. Und lasst die Winde des Himmels zwischen euch tanzen.«

75 Miteinander – Füreinander

– Hochzeit III

Bibelstellen: Genesis 1,18–25 / Tobit 8,1–9
Symbol: eine große Wäscheklammer gestaltet als Ehemann und Ehefrau (Beispiel unter: https://www.gestaltgeben.com/freier-redner/hochzeiten/)

Handlung

Während der Ansprache drückt der Sprecher die unteren Seiten der Klammer mal zusammen, mal öffnet er sie.

Predigtimpuls

Ich finde diesen Tischschmuck echt klasse. Wenn man die Klammer zusammendrückt, gehen die Eheleute auseinander, lässt man los, küssen sich beide – die Klammer hält die beiden zusammen. Es sieht originell aus, aber es ist mehr als nur Deko. Es gibt uns auch etwas zum Nachdenken!

Schön, dass ihr beide *(Vornamen)* heute einander das JA-Wort gebt. Wir dürfen Zeugen sein dieser Umklammerung. Wir sind da, um euch den Rücken zu stärken! Eine gute Zeit des Weges habt ihr schon miteinander bewerkstelligt.

(Hier kann der Sprecher Elemente aus der Biografie der Eheleute einbauen.)

Wir möchten alle, dass eure Liebe und euer Lebensprojekt gelingen. Es soll euch gut gehen!

Diese Klammer hier kann euch aber auch eine Empfehlung fürs Leben geben. Lassen wir die Klammer mal selbst sprechen:

Hallo! Ich bin die Klammer. Kleine Kinder, die klammern sich ja manchmal an den Rock der Mama fest, wenn sie Angst haben, oder an die Hand, wenn sie sich nicht so recht trauen. Manche Menschen klammern sich als Erwachsene ans Geld, an ihr Auto, an ihre Frau oder ihren Mann. – Ehrlich gesagt: So eine Klammer will ich nicht sein! Ich möchte keine Klammer sein, die so aufdringlich ist. Damit ihr euch einander nahe sein könnt, müsst ihr ab und an auch auf Distanz gehen.

(Der Sprecher drückt die Klammer am unteren Ende zusammen, damit gehen die Köpfe auseinander).

Manchmal braucht ihr etwas Luft zwischen euch. Auch, damit ihr den anderen wieder ganz in den Blick nehmen könnt. So könnt ihr achtsamer sein, euch einen Augen-Blick der Wertschätzung schenken.

(Der Sprecher lässt die unteren Enden der Klammer wieder los.)

Und so kommt ihr wieder zusammen. Bereichert durch neue Erfahrungen. Ihr habt einander etwas zu erzählen, könnt von dem Erlebten des anderen profitieren. Ganz ähnlich ist es bei einem Streit.

(Der Sprecher drückt die Klammer am unteren Ende zusammen, damit gehen die Köpfe auseinander.)

Ihr müsst euch auseinander-setzen …, das heißt: zuhören, was der andere meint, wie er oder sie es sagt … Man braucht auch manchmal die Stille im Streit, um nachdenken zu können: Was hat der andere eigentlich gesagt, was habe ich gehört – was habe ich hören wollen?

(Der Sprecher lässt die unteren Enden der Klammer wieder los.)

Dann müsst ihr euch aber auch wieder zusammensetzen. Nach jedem Streit – und es braucht eine gute Streitkultur – solltet ihr die Hand zur Versöhnung reichen, euch einen Kuss geben und einen Konsens finden. Der »Konsens« ist der gemeinsame »sensus«, der gemeinsame Sinn. Sonst war der Streit sinn-los.

Ich kann euch beiden, *(Vornamen),* als Klammer nur helfen, wenn ihr mich zwischen euch nie aus dem Blick lasst. Wo ich überdehnt werde oder einer denkt, ich brauch die Klammer nicht mehr – da zerbricht alles. Das geht ganz flott. Zwei Dinge also sind gefährlich: Klammeraffe zu sein und die Klammer auszuhebeln. Nutzt mich viel mehr als etwas, was eure Liebe zusammenhält.

Beerdigungen

76 Gott als Meistermaler
– Beerdigung I

Bibelstellen: 1 Korinther 15,12–21 / 1 Korinther 15,35–49 / 1 Korinther 15,51–58
Symbole: Staffelei, Leinwand, Palette mit Farbtupfern und Pinsel

Handlung

Im Altarraum stehen eine Staffelei und eine Leinwand darauf. Bereit liegen auch ein Pinsel und eine Palette, auf der Farbtupfer zu sehen sind.

Predigtimpuls

Es ist gut, dass wir uns heute die Zeit nehmen, *(Vorname Name)* zu verabschieden. Wir nehmen uns die Zeit für einen wichtigen Dienst, der uns selbst guttut: Wir nehmen Abschied und erweisen – wie man sagt – einem geliebten Menschen die letzte Ehre.

Jede und jeder von uns geht anders mit dem Sterben und dem Tod um. Ob wir eine Hoffnung haben oder ob einfach etwas endet, ob wir an den Erinnerungen festhalten oder ob wir jemanden auch loslassen können – das liegt ganz bei uns und hat viel mit unserem eigenen Leben zu tun. Aber zwei Erfahrungen verbinden uns alle, die wir heute hier sind.

Die eine Erfahrung ist jene, dass nicht einfach »irgendwer« gestorben ist, sondern ein Mensch, dessen Name, Gesicht, Stimme, Handlungen und Gedanken einzigartig waren. Es war nicht einfach nur der /die *(Vorname)* oder der Herr *(Nachname)* / die Frau *(Nachname).* Es war *Ihr Ehemann / Ihre Ehefrau, der Lebensgefährte / die Lebensgefährtin, Ihr Vater / Opa oder Ihre Mutter / eure Oma, Ihr Bruder / Ihre Schwester, Ihr Freund, Ihr Nachbar, Ihr Gesprächspartner, Ihr Vereinsfreund usw.*

Die zweite Erfahrung ist jene, dass wir damit klarkommen müssen, dass das Leben für uns weitergeht. Es geht weiter – für Sie, die Familienangehörigen – für uns alle. Und: Es geht anders weiter. Aber zum Glück haben Sie, liebe Frau *(Name)* / lieber Herr *(Name)* gute Wegbegleiter an Ihrer Seite. Dennoch: Nach dem Tod eines Menschen ist immer alles ganz anders.

Lassen Sie uns gemeinsam ein wenig zurückblättern im Buch des Lebens von *(Vorname Name),* ein paar »Lebensetappen« betrachten, um besonders Abschied nehmen zu können. Ich will dies gerne anhand der Leinwand hier, der Farben und des Pinsels tun.

Zu Beginn unseres Lebens wurde uns quasi mit der Geburt eine weiße Leinwand mitgeben. Dazu ein paar Farben und ein Pinsel. Ein Leben lang malen wir an unserem Lebenswerk. Dabei geht es nicht um Korrektheit, sondern darum, dass wir Farben und Formen in eine Gestalt bringen, die unserem Leben entspricht. Dazu gehören auch Grautöne und weiße Stellen, auch mal schwarze Flecken. Wie das Leben ebenso ist.

(Hier kann der Sprecher biografische Aspekte aus dem Leben des Verstorbenen einflechten.)

Jahre um Jahre, Jahrzehnte vergehen auf diese Weise. Langsam gewinnt unser Lebenswerk an Gestalt. Doch irgendwann kommt der Zeitpunkt, da fällt es uns schwer, weiterzumalen. Manch einmal fällt der Pinsel aus Altersschwäche aus der Hand, anderen wird er durch ein Unglück aus der Hand gerissen, wieder andere müssen ihn durch eine Krankheit früh aus der Hand geben, wieder andere werfen ihn weg, weil sie nicht mehr wollen und können.

(Hier kann der Sprecher ebenso etwas zum Leidensweg oder Sterbeweg des Verstorbenen einbauen.)

Wie auch immer: Der Tod beendet unser Schaffen. Doch das Bild ist nicht fertig. Das vermag kein Mensch. Es wird immer weiße Stellen geben und die braucht es auch, damit das Farbige sich abhebt. Es wird immer Muster und Grauschattierungen geben, weil wir nicht nur einfarbig sind, das wäre langweilig. Am Ende – so ist unsere christliche Hoffnung – bringt Gott, der Meistermaler, das Bild zu Ende. Er wird ein paar wenige Pinselstriche dazutun – und so vollendet er es. Es findet seinen Platz in der Galerie Gottes, wo die vielen anderen Menschen mit ihrem Lebenswerk auf uns warten. Dieser Moment, in dem Gott den letzten Pinselstrich vollzieht, ereignet sich der Wechsel in das neue Leben.

(An dieser Stelle kann der Sprecher noch persönliche Anmerkungen einflechten, wertschätzende Worte zum Engagement der verstorbenen Person.)

Gewiss, dies ist nur ein Bild, ein Gedanke. Aber das Bild kann uns helfen, unsere Sprachlosigkeit in ein Wort zu kleiden, das tröstet. Wir sind ein einzigartiges Kunstwerk in den Augen Gottes. Auch *(Vorname Name)* war ein solches Kunstwerk.

77 Der Komponist der Lebensmelodie – Beerdigung II

Bibelstellen: Psalm 96 / Psalm 144 / Judith 16,1.13–16
Symbol: Notenblatt und echter Federkiel, Organist oder Flötist

Handlung

Während der Predigt kann der Organist immer wieder kleine Melodien einbauen *(max. 20–30 Sekunden),* die vom Sprecher aufgegriffen werden. Dazu gehören: Sequenzen in dur, moll, forte, piano, allegro, adagio.

Predigtimpuls

Manche Menschen nennen den Ort nach dem Leben hier auf der Erde »das Paradies«, andere den »Himmel«, wieder andere das »Universum« oder auch »die Ewigkeit«. Für manche ist es nur der Ort des Nichts, wie wenn einer den Lichtschalter im Schlafzimmer ausmacht und alles ist dunkel.

Entscheidend ist am Ende, wie wir gelebt haben. Die »kleinen Fragen« des Lebens nehmen oft so viel Raum ein: Was essen und trinken wir, was ziehen wir an, was muss noch alles geschafft und gemacht werden, wie bekommen wir dies und das finanziert? Alles wichtige Fragen. Das ist klar. Denn an ihnen hängt vieles existenziell.

Aber die »Großen Fragen« sind oft jene, die uns viel mehr abverlangen: Woher kommen wir, wohin gehen wir? Was ist unsere Hoffnung? Wie wollen wir sterben? Und in der Regel reden wir nicht darüber. Dennoch durchströmt uns alle gleichermaßen vom Beginn unseres Lebens eine Melodie. Es ist die Lebensmelodie mit dem Grundton der Liebe.

(Instrumentalsequenz – Melodie)

Diese Lebensmelodie begann mit den ersten Tönen für *(Vorname, Name)* vor *(Anzahl)* Jahren.

(Hier kann der Sprecher persönliche Daten zur Kindheit und Jugend einbringen.)

(Instrumentalsequenz – dur und moll)

Sie haben es wohl beim Hören gemerkt, die Stimmung wechselte zwischen Moll und Dur. Solche Zeiten gibt es auch in unserem Leben immer wieder. Natürlich sind wir froh, wenn unser Leben in heiterer Stimmung verläuft, dennoch wissen wir auch, dass uns die schweren Zeiten herausfordern.

(Hier kann der Sprecher persönliche Erinnerungen an gute und weniger gute Lebensmomente einbringen.)

(Instrumentalsequenz – forte und piano)

Laut und leise. Auch diese Stimmungen kennt unsere Lebensmelodie. Manches bleibt ganz im Hintergrund, nur wenige Menschen kennen unsere Gedanken, Gefühle, Sorgen und Ängste. Die »leisen Töne«, ohne die aber der Melodie etwas fehlen würde. Nur durch sie können die lauten Momente, in denen etwas geschieht, als Kontrast erlebbar werden. Doch nicht alles, was laut ist, ist auch immer schön. So ist es auch mit unserem Leben.

(Hier kann der Sprecher persönliche Erinnerungen an die »leisen« und »lauten« Momente des Lebens einbringen.)

(Instrumentalsequenz – allegro und adagio)

Manches im Leben geht so rasch vorbei – wie eben gehört. Eine rasche Aufeinanderfolge von Ereignissen ... viel zu schnell die schönen Moment, wie Urlaube, Feierlichkeiten, besondere Anlässe. Viel zu schnell werden die Kinder erwachsen ... Langsam hingegen – oft schleichend – in den Zeiten der Erkrankungen, jene Momente, die uns schwerfallen: eheliche Krisen oder berufliche Herausforderungen.

(Hier kann der Sprecher persönliche Erinnerungen an die »raschen« und »langsamen« Momente des Lebens einbringen.)

Wie auch immer ... Die Lebensmelodie unseres Lebens kennt das Auf und Ab. Am Ende unseres Lebens halten wir das Notenblatt und den Federkiel in den Händen – wie ein Komponist, denn das sind wir zeitlebens.

(Der Sprecher hält das Notenblatt und den Federkiel hoch.)

Wir komponieren unsere Lebensmelodie und spielen im großen Orchester Gottes unser Instrument auf einzigartige Weise. Als Christen glauben wir: Gott ist der Dirigent. Er bestimmt den ersten und den letzten Ton unseres Werkes. Doch: Wo noch Töne am Ende fehlen, um das Werk zu vollenden, wie es bei Mozarts Requiem war, der noch während der Komposition verstarb, da dürfen wir hoffen, dass Gott es vollenden wird.

(Instrumentalsequenz – Melodie)

Register

Bibelstellen AT

Bibelstellen NT

Themen (alphabetisch)

Symbole